魔方宝典

风靡世界的智力玩具之终极指南

魔方的秘密
魔方的故事
魔方的解法

（美）杰瑞·斯洛克姆
（英）大卫·辛格马斯特 （美）黄炜华 著
（荷）迪特尔·杰哈德 （荷）吉尔特·希林斯
陈丹阳 译
王 皓 校译

辽宁科学技术出版社
沈 阳

图书在版编目（CIP）数据

魔方宝典／（美）斯洛克姆（Slocum，J.）等著；陈丹阳译.—沈阳：辽宁科学技术出版社，2010.4（2015.3重印）
ISBN 978-7-5381-6367-4

Ⅰ.①魔… Ⅱ.①斯… ②陈… Ⅲ.①智力游戏 Ⅳ.①G898.2

中国版本图书馆CIP数据核字（2010）第039671号

出版发行：辽宁科学技术出版社
（地址：沈阳市和平区十一纬路 29 号　邮编：110003）
印 刷 者：辽宁新华印务有限公司
经 销 者：各地新华书店
幅面尺寸：185mm × 210mm
印　　张：12
字　　数：200 千字
印　　数：7001~9000
出版时间：2010 年 4 月第 1 版
印刷时间：2015 年 3 月第 3 次印刷
责任编辑：姜　璐
封面设计：袁　舒
版式设计：袁　舒
责任校对：耿　琢

书　　号：ISBN 978-7-5381-6367-4
定　　价：39.80 元

联系电话：024-23284367
邮购热线：024-23284502
E-mail:lkdwhz@mail.lnpgc.com.cn
http://www.lnkj.com.cn
本书网址：www.lnkj.cn/uri.sh/6367

感　谢

在此，我要感谢许多世界各地著名的智力游戏发明人对此书的帮助，他们回答了我们许多的疑问，并提出了中肯的建议和意见，他们是：厄尔诺·鲁比克、拉里·尼古拉斯、乌韦·梅弗特、皮特·萨本斯特尼、帕纳约·弗迪斯、托尼·菲舍尔、简·克劳德·康斯坦汀、李·塔特、阿尔·拉奇林、冈本胜彦、英俊竹治、安东尼·格林希尔、亚当·科万、马特·夏皮特和安德鲁·考米尔。

我们要特别感谢厄尔诺·鲁比克、朱莉·舒里克、艾伦·斯洛克姆、提姆·斯洛克姆和莉萨·特纳格里亚对本书手稿进行的编辑工作。

我还要诚挚感谢我们的“方案组”，他们致力于研究各种适用于初学者的魔方还原方案，他们是：朱莉·舒里克、艾伦·斯洛克姆、提姆·斯洛克姆、安妮·德贾斯丁、泰勒·福克斯、埃里森·弗拉斯卡托雷、泰勒·辛曼、罗格·曼德沙伊德、大卫·梅尔托、哈罗德·莱泽、埃里克·萨根特、克瑞斯·舒里克、杰克·斯洛克姆和莉萨·特纳格里亚。

感谢迪克·索纳维尔德给我们呈现了完整的魔方历史。

中文版序

在过去的2000多年中，中国为人类文明贡献了许多精巧的机械智力玩具。我在中国旅行期间，曾在市场上遇到数量庞大的古典和现代的智力玩具，这使我确信中华民族是一个热爱设计、制造和把玩智力玩具的民族。从香港起家的乌韦·梅弗特是最早的魔方设计和生产者之一，纵横魔方制造领域30多年，我们将从本书的第55页开始介绍他的故事。中国玩家同样在一些魔方比赛项目上成绩优异。2009年在北京举行的一场比赛中，一位名叫蒋彤的中国玩家在52分钟内盲拧了15个打乱的魔方并打破世界纪录。我希望这本书能够帮助中国的读者继续享受魔方的快乐。

当我还是个孩子的时候，一件源自中国的智力玩具曾激起了我对机械智力玩具的热情，并让它们从此成为了我生活的重要部分。20世纪30年代，当我成长在芝加哥时，我的父母要经常奔走于旧金山和纽约。我的父亲，一位工程师，带回了一些机械智力玩具送给我，它们让我十分着迷。当我大约10岁时，他送给我一个名叫“七连环”的东西。它是著名的中国解环玩具“九连环”的七环版本。我发现这个玩具比我曾经玩过的那些智力玩具都要难上许多。我用了两个星期时间才终于解开了它，那时我感到非常骄傲，因为我认识的人里再没有人能做到这点。我的姐姐、我的朋友们，甚至我的父亲都对它束手无策。这一经历对我影响巨大，我从此开始用一生的时间收藏智力玩具，如今我的藏品多达32000多件。

大学毕业后，我开始对智力玩具的历史感兴趣。我发现了斯图尔特·库林撰写的《东方游戏》一书。在这本书中库林提到，“在一个中国故事中，中国解环游戏（九连环）是一位名叫孔明（公元181—234年）的名将发明的。他在即将奔赴战场时将它留给了自己的妻子。”这一故事无据可查，而且看上去更像是个传说。我的中国朋友告诉我现存最早的关于中国解环游戏的文献是杨慎（公元1488—1559）的一篇文章，收录在《丹铅总录》之中。

由6块木头相互咬合构成的智力玩具，在19世纪中叶被称作“中国十字”，而在今天被称为“Burr”。它是另一种我很早就接触到的智力玩具。我对它十分着迷，并且随后就在一些书籍上找到了很多类似的设计。当我来到中国以后，我发现一些古代庙宇使用的榫卯接口与这种玩具非常相似。我由此尝试去了解更多隐藏在它背后的中国历史。这种玩具在中国被称为“鲁班锁”，据说是生活在公元前507年到公元前444年的木工祖师鲁班发明的。我发现的最早的Burr实物是在1698年由法国艺术家le Clerc所制。

几年以前，当我到中国的西安游玩时，我看到了有人出售一种没有开口的酒壶。往这种壶里倒酒时，你必须将它倒置，再通过壶底的小孔将酒灌进去，这使得它也成为了一种玩具。它们是在附近一堵古代城墙中发现的一种上千年前的酒壶的复制品。在中国还曾发现过数量庞大、各式各样的古典智力玩具。

“中国智力玩具”这个词在西方尽人皆知，它被用来形容那些“繁难的智力玩具”或是各种“困难或烦琐的东西”。这个词最初是用来描述中国的著名智力玩具七巧板（英文名为Tangram）的，这种玩具在1817年导致了世界历史上第一次智力玩具热潮。我们将在本书第一章介绍七巧板和它的历史。

如果哪位读者能提供有关中国智力玩具的最新资料，请通过我的邮箱Jslocum@Earthlink.net联系我。

杰瑞·斯洛克姆

The

Cu

be

目录

译者感言

让时间倒回至2005年，在那一年的2月12日，我在一个名为“魔方吧”的论坛注册成为了它的第488个会员。那个时候的我，即使在最具奇幻色彩的梦里，也不大可能出现这样的情节：5年后的2010年，我将翻译一本魔方发明人厄尔诺·鲁比克教授亲自作序的书，并为它撰写译者感言。

第一次听说这本书是在去年9月。那时，我对智力玩具史的兴趣刚刚再次被勾起来，正在四处搜集相关的资料。正好美国魔友柯言（Chris Krueger）再次来到北京。在一次聚会上，我向他问起哪里能找到有关萨姆·劳埃德和滑块玩具的资料，柯言向我推荐了这样一本名叫《The Cube》的书。

一个月之后，沈阳魔友王皓向我提起了出版这本书中文版的事，想让我帮忙翻译。我正求之不得，遂欣然接受。一个多月后的一天上午，我收到了编辑姜璐寄来的原版书。虽然早已知道这本书有鲁比克教授亲自撰写的序言，但是在匆匆打量了一下之后我还是获得了意外之喜：封底上竟然有我景仰已久的数学游戏泰斗马丁·加德纳的推荐语！如果不是因为当时是上班时间，周围又坐着很多同事的话，我肯定会一下子就从椅子上蹦起来。好戏还没完，随后我又在封面上拼出了另一位填字游戏大师的名字：威尔·肖茨。说起来，就在拿到这本书之前不久我曾一度有过翻译加德纳撰写的《〈爱丽丝漫游奇境记〉注释本》的想法，而当初在《大科技》杂志社供职时，我曾专门写过一篇文章介绍那位拥有填字游戏专业学位的肖茨先生。

至此，对我来说，翻译这本书的意义已经和先前完全不同了。我的名字能有机会与厄尔诺·鲁比克、马丁·加德纳和威尔·肖茨这些伟大的名字出现在同一本书中，实在是荣幸之至。

然而，随后的翻译工作却进展缓慢。对我这个翻译菜鸟来说，这本书的难度确实大了些。尤其是其中的一些几何术语时常弄得我晕头转向。有很多术语目前还没有固定的对应汉语称谓，还有一些术语的汉语称谓则存在着明显的迷惑性。例如“中心块”这个词通常被中国魔友用来指代魔方表面上只有一色贴纸的那些块，但是它在原版书中却仅仅指代奇数阶魔方位于每个面正中心位置的那个块。造成此差异的原因是，3阶魔方每个面的中心块也是唯一的一个只有一色贴纸的块。但是，对于4阶以上的魔方来说，这个叫法就有些不妥了。为此，我只好在翻译时自造了“面块”（FACE）一词来防止混淆。更麻烦的是，中文中“魔方”这个词本身的含义就过于广泛，它泛指一切可以像3阶魔方这样转动的“魔方类玩具”，而在英语中不同种类的魔方是用不同的词来表示的，这就使问题变得愈发复杂。类似的例子还有很多。

尽管如此，在屡屡被弄得灰头土脸之时，我也渐渐地感受到了这本书的魅力所在。最值得一提的是它的教程部分。在这部分中，作者并没有采用国内初学者通常最先学习的“层先法”，而是专门设计了一套我之前从未见过且更易于理解的还原方法。这种方法的巧妙之处在于：只要学会了如何用这种方法还原3阶魔方，便能举一反三地用同样的方法还原4阶、5阶直至7阶魔方。并且，在讲解的过程中作者很细致（甚至让我感觉有些啰唆）地讲述了每一个还原步骤所涉及的原理，以及其中的一些美妙之处，可以说不仅是“授之以鱼”，还做到了“授之以渔”。而国内的同类魔方教程虽然有些也很详细易学，却往往会陷入死记公式的泥潭之中，以至于绝大部分初学者从一开始接触魔方就被迫走上了“竞速”的羊肠小道，而对魔方在此之外的无限风光视而不见。我自己就是一个例子。记得在一次聚会中，当我向一位初学者提议照着一份我认为最好的魔方说明书中的公式死背时，柯言立即表示了反对，因为在他看来公式无所谓好不好，有的只是是否适合自己，而这是需要每个人自己来体会的。作为一个经常被别人认为是西化得有些过头的人，这件事让我体会到了仍然禁锢在自己身上的那道无形枷锁的存在。我想，本书中文版的出版，也多少可以让我们感受一下中西思维方式上的差异，并成为去除这道无形枷锁的一个机会吧。

这本书也影响到了我自己对魔方的认识。从加入魔方吧到现在，一晃已有5年。从最初加入魔方吧——“找到组织”开始，到2007年第一次考博失败3天后在一档电视直播节目中捶桌子大叫为止，大约是我对魔方兴趣最浓的一段时光。而此后虽然国内魔方运动在飞速发展，我自己也当上了世界魔方协会代表，但眼见魔方在中国逐渐从一项“智力运动”演变成纯粹的“肌肉运动”，我对魔方在中国的前景也越来越感到茫然。作为一个研究科学史多年的人，一年多前我就有涉足魔方以及其他智力玩具史研究领域的想法，却由于诸事缠身和找不到思路而作罢。而当我对此兴趣再次高涨时，机缘巧合并有幸受命翻译这本书。书中有关智力玩具史的段落以及国外同人的工作让我看到在这一领域深入挖掘的乐趣所在。我想，对于书中提到的世界历史上4次大规模智力玩具热潮，以及魔方运动在中国的发展史，不仅可以从实证主义角度对其中的若干史实进行梳理，更应该从社会史的角度对其进行探究。特别是考虑到魔方热潮直到今天仍未有衰减的迹象，且魔方爱好者群体与“科学共同体”存在着诸多相似之处，那么，把魔方爱好者当做“大猩猩”来对其进行社会学和人类学研究，一定会是一件十分有趣的事。当然，由于我本人也是这一群体中的一员，如果由我来做这方面的研究工作也许很难保持相对的客观，因此也希望读了本书并对此感兴趣的相关领域的研究者能与我取得联系。

我应该感谢爆棚小组以及海峡对岸的陈建铭先生，是他们让我领略到翻译原来还可以成为一件如此有趣的事。在翻译这本书的过程中，他们的翻译作品也会时不时地给我提供一些灵感。在翻译的最后几天里这些频频冒出的灵感曾使我进入了某种癫狂的状态。有时候我会一边翻译一边笑，到了晚上也会因为思考某个词的译法而失眠。

我还要感谢在翻译过程中为我提供了帮助的魔友：常方圆、郭德源、金晓波、孙月琛、小乂、张录辰、郑鸣等。我时常会在QQ群中就一些问题征求他们的意见。

当然，我更要感谢我的女朋友陈沐。她从我翻译这本书的第一天起就一直督促着生性懒散的我，与我探讨某些段落的译法，并为我提出了很多不错的建议。而每当一个新的想法在我脑海中一闪而过时，我都会迫不及待地要立即与她分享这种简单的快乐。

这是我第一次尝试翻译工作，难免错漏百出，请读者批评指正。

陈丹阳

2010年2月于北京

序 言

让时间倒回至1974年，那个时候的我，即使在最具奇幻色彩的梦里也不大可能出现这样的情节：2008年，我将为一本关于魔方的书籍撰写序言。21世纪对那时的我来说是遥远和不可预知的，就像是某部科幻小说中的场景。那时，我只知道魔方是如此的独特和令人激动，而这些对我来说就已经足够了。我专注于对概念的探索和理解，对遥远的未来会发生的事情毫无兴趣。我忙于找出魔方设计的本质，就像一个雕塑家，为了揭开石材的内部构造而一点点地去掉那些多余的部分，直至创造出一个完美的作品：魔方。

岁月已经证明，我30多年前的两个决定是正确的。其一，是创造一个内容和形式完美统一的作品，它的空间、形式、动态结构以及外形都与人性、躯体以及思想相和谐。这件作品要具备所有这些基本元素，不多也不少。其二，就是决定与整个世界分享这件完美的作品。后者比前者做起来要更加困难。因为，我用几个月时间发明了魔方，却用了整整6年来将它推广到全世界。

当我还在学校里学习雕塑和建筑的时候，我经常会在纯艺术和实用艺术之间感受到某种矛盾。前者与现实生活无关，仅仅通过抽象的作品来展现艺术家的某种观念和思想；而后者则以实用为最终目的，与我们日常生活的方方面面相联系。这也许就是我最终选择了在一所设计学校完成学业的原因。我想，魔方就是我试图创造一种介于这两者之间，或是同时表现这两者的物品之结果。

“与其他艺术品一样，魔方的意义远大于其自身。尽管它乍看上去如此简单，实际上却是那么的千变万化。”

对我来说，魔方是一件艺术品，而不仅仅是一个表面贴满各色贴纸的塑料立方体玩具，更不是一个用来糊弄人的小玩意儿。与其他艺术品一样，魔方的意义远大于其自身。尽管它乍看上去如此简单，实际上却是那么的千变万化。但无论它做出多少让人眼花缭乱的美妙变幻，整个魔方却始终通过一个节点连成一体。真正能深深吸引我的地方并不在魔方本身，而是魔方与人之间的关系，数以亿计的魔方与数以亿计的人之间的关系（据我估计这个数字应该在10亿以上）。

我要向杰瑞·斯洛克姆对智力玩具的热情以及推广它们的激情表示敬意。他出色地将大部分关于魔方的重要材料搜集到了一起。

厄尔诺·鲁比克，2008年于布达佩斯

第一章

魔方发明前的智力玩具热潮

撰文/杰瑞·斯洛克姆

上图和右图是一套用象牙制成的七巧板，下图这本名为《时髦的中国玩具》的书则列举了用七巧板拼出的300多种不同图案。

1817：七巧板

智力玩具引发的热潮并不是什么新鲜事，人们总是喜欢在这种高雅的精神鸦片上碰碰运气，顺便搭上大把的时间和金钱。

第一次国际性的智力玩具热潮发生于19世纪初，当时中国人发明了七巧板，这种玩具是将一个正方形板子切割成7块不同几何形状的小块。早在公元前3世纪，一种与七巧板类似的玩具就已经出现，所不同的是，这种玩具将正方形分为14块。古希腊哲学家阿基米德就在一封信中提到过它。

用七巧板可以拼出上千种不同的图形，比如人像、动物、字母以及各种几何形状。游戏的挑战性就在于如何才能用7块板子在互不重叠的条件下拼出这些图形。

在两本关于七巧板的中文书籍于1815年出版之后，一股热潮随之而来。在这两本书中展示了超过300种图案和它们的拼法。用小盒装着的象牙制、木制七巧板被装上货轮，运往英国、美洲以及欧洲大陆售卖。在中国之外，英国于1817年出版了第一本关于七巧板的书籍。就在那一年年末，《时髦的中国玩具》一书就让七巧板在伦敦流行开来。这本书也流传到了美洲和欧洲大陆，不久，各种关于七巧板的书就在欧洲大陆风行一时。

热潮之下，一些名流与普通大众一样被七巧板深深吸引。拿破仑·波拿巴·刘易斯·卡罗尔（《爱丽丝漫游奇境记》的作者）、埃德加·爱伦坡（美国作家）以及米歇尔·法拉第都是七巧板爱好者。德国作家昆泽评论道：“此物一出即风靡于北德意志诸邦，书香门第莫不以为时尚。盖不列颠商船往来贸易于汉堡港，贩夫见此物造型精巧，皆售之于市井。”

1818年初，法国、意大利和德国都出现了制作精美的七巧板。尤其是巴黎人，一玩起七巧板来就会把其他事情统统忘到脑后。到了1840年，七巧板成为了对幼儿进行几何等学科启蒙的趣味教具，并在全世界的学校教育中得到了广泛应用。

右图是一个以法国国王亨利四世侧面像为图案的七巧板题目。下图是一幅1818年出版的法国漫画，描绘了法国人对七巧板的狂热。

1880：“15”滑块游戏

“15”滑块游戏最早于1880年出现在美国波士顿的市场上，然后就像风暴一样席卷纽约、旧金山直至欧洲。这种玩具直到今天仍然很流行，它由15个写有数字的小方块和一个能盛放16个小方块的方形托盘所组成，这样其中一个位置就会空出来。玩家需要先将15个小方块取出，再随机将他们放回到托盘中，然后利用空位来一个个地移动这些小块，最终将所有小方块按顺序排列好，那个空位则留在编号为15的小方块之后。

让这种简单的玩具蔚然成风的一个原因是，很多玩家并不知道，这种玩法会造成有一半的随机码放的状态在数学上是不可解的。这会导致玩家们在玩的时候一半的结果是这样：最后有两个块，比如14和15的位置是相互颠倒的，却怎么也没法把他们再颠倒过来。当一个人成功地复原了一次之后，他的下一次尝试成功的机会仍然只有50%。全美国的报纸和杂志都在发表关于它的文章，人们为能够解决它的人设置了各种奖项。对这种玩具的极端狂热还造成了其他一些问题，例如有人宣称此玩具会致人精神分裂，甚至需要为此建造更多的精神病院。

1880年2月23日，《纽约时报》发表社论：“或有执妄者彻底把玩，为其图书之块垒而惑。盖难穷其变化也。旬日之间，北美之人必入其彀。若其达大西洋之彼岸，则必兴……”这一社论预测得出奇的准确，“15”滑块游戏自发明以来一直风行至今，只是现今用塑料和金属制作的此类玩具将滑块封闭在托盘之内无法取出，因此也就不会再出现不可解的情况了。

美国政治讽刺杂志《PUCK》用“15”滑块游戏来隐喻美国1880年的总统大选。

最早将“15”滑块游戏进行商业经营的人是波士顿的马提亚斯·赖斯，他将其生产的版本命名为“宝石游戏”，更多厂商迅速跟进生产这种玩具。

诺耶斯·P·查普曼，“15”滑块游戏的发明人。

关于是谁发明了“15”滑块游戏的说法有很多，从上古之人到康涅狄格州哈特福德的一个聋学生，再到艾奥瓦州的一个退役军官。费城的《切斯特日报》评论道：“‘15’滑块游戏的发明人数量比托盘中的小方块数量还要多。”

1891年1月，在“15”滑块游戏的热潮结束11年之后，美国著名智力游戏大师萨姆·劳埃德开始了其长达20年的争夺“15”滑块游戏发明权的拉锯战。他在访谈、文章以及智力游戏专栏中四处宣称自己才是这一玩具的发明人。不仅如此，他还声称自己是“赶猪进圈”——从1889年开始流行的技巧玩具，以及飞行棋——一种早在公元4世纪就在印度流行的玩具的发明人。尽管萨姆·劳埃德对“15”滑块游戏的发明半点儿贡献都没有，但是他的频繁声明却使得全世界都相信了他真的就是“15”滑块游戏的发明人，直到他的谎言被2006年出版的一本直接以“15”滑块游戏命名的书籍所揭穿为止。

“15”滑块游戏真正的发明人是诺耶斯·P·查普曼，他是纽约卡纳斯脱塔的邮政局长。查普曼亲手制作的一个“15”滑块游戏曾经被送给康涅狄格州哈特福德的美国聋人学校。1879年6月，他们开始在学校的木工作坊制作这种玩具，并在哈特福德和波士顿的大街上贩卖。其中一个由该学校制作并于1879年在波士顿被卖掉的玩具最终到了马提亚斯·赖斯手中，他当时正在寻找一种能在他的木工作坊里生产的产品。赖斯随后开始以“宝石游戏”的名字生产这种玩具。

这种玩具所产生的热潮在美国一直持续到1880年4月。当美国人开始对它感到厌烦的时候，热潮又开始在法国出现，并蔓延到整个欧洲。大约整整一个世纪之后，匈牙利的厄尔诺·鲁比克打算改进“15”滑块游戏，设计一种不需要空闲位置就能玩的玩具，并最终发明出了魔方。

“赶猪进圈”游戏在1889年掀起了一股热潮。

1889：
“赶猪进圈”游戏

要想完成“赶猪进圈”游戏，游戏者要运用技巧将4个黏土做成的弹子在环状迷宫中滚动，直到将他们滚进中央的“圈”中。当它的发明人，游戏制作者查理·柯兰道于1889年将其发布出去之后，立刻引起了一股热潮。3周之后，自由摇摆出版社报道：“玩具工厂每天生产8000套‘赶猪进圈’，但仍比订单落后20天。”埃内斯与马歇尔·麦克林托克撰写的关于玩具历史的书《美国玩具史》，将“赶猪进圈”游戏的传播描述为“似蝗横掠东西南北，复殃及他国”。贩卖这种玩具的赛尔琼和李特尔说：“很难说疯狂席卷之后有多少玩具被发售，保守地说也有100万。”

柯兰道在1889年获得了该产品在美国的专利，尽管萨姆·劳埃德两年之后宣称自己对它拥有发明权，但所有当时的报纸文章以及之后的书籍都将这项发明的荣誉给了柯兰道。

前三个机械智力玩具热潮发生于短短70年间——1817、1880和1889。但直到90年后整个世界才再次陷入了对机械智力玩具的狂热之中。本书余下的章节将详细描述这第四次狂热：关于魔方发明的故事、它的种类以及从2阶到7阶魔方的解法。

《法官》杂志发表的一幅政治漫画，用“赶猪进圈”游戏影射民主党重回白宫的努力。

第二章

魔方的历史

撰文/大卫·辛格马斯特

“15”滑块游戏

一些早期发明

当厄尔诺·鲁比克于1974年发明魔方之时，他明白自己创造的是一种有趣的玩具，却并未意识到自己会掀起一个持续的智力玩具热潮。然而，他并不是第一个想到将一些小立方体结合成一个可以自由转动的玩具的人，第一个想到这一点的是一个名叫拉里·尼古拉斯的年轻人。

尼古拉斯成长于美国俄亥俄州的小镇克塞尼亚，酷爱运动和智力玩具，特别是那些能在玩具店中找到的机械智力玩具。这其中就包括“15”滑块游戏。这种玩具已经风行了一个世纪之久。但是，尼古拉斯却疑惑它是否还能够做得更对称一些，也就是在不需要留下一个空位的条件下就能玩。

1957年的一天，当尼古拉斯在学校附近闲逛时，他又一次思考如何才能在不留下空位的情况下就让那些小块移动。猛然间，他意识到没有理由让这个玩具仅仅保持在二维状态。如果用一些小立方体组装成大立方体，并让它们能沿着三个坐标轴进行转动，这样就可以创造出一种没有空位且对称的美妙玩具了。

1959年，正在哈佛大学研究生院念书的尼古拉斯制造了一些2阶魔方，他采用磁力的方式保证魔方可以在维持一个整体的条件下转动。虽然这些魔方转动起来很困难，但是它们仍然立即引起了尼古拉斯的朋友和室友的兴趣。就像他设想的那样，8个立方体组成的魔方玩起来要比装在托盘中的15个小方块难度大得多，也有趣得多。尼古拉斯还发现，如果单独将某一个块扭转120°，2阶魔方将变得不可复原。他琢磨出一些公式来复原自己的魔方，这更加深深吸引了他的朋友们。

许多年后，当尼古拉斯在马萨诸塞州剑桥的Moleculon公司工作时，他利用公司的小型机械工厂制造出了一个改进版2阶魔方。当公司老板亚瑟·奥博梅耶注意到他桌子上的魔方时，建议由公司为它申请专利，并尝试推向市场。1972年4月11日，厄尔诺·鲁比克在匈牙利获得3阶魔方专利前大约5年，他们获得了2阶魔方的专利。不同之处在于，尼古拉斯的专利是磁力魔方，而鲁比克的专利则是机械魔方。

尼古拉斯的磁力结构2阶魔方

从1967年到1972年，尼古拉斯与Moleculon公司试图将2阶魔方推荐给美国的大玩具制造商合作开发，其中包括Ideal玩具公司，但是却屡屡失败。在Ideal公司看来，尼古拉斯的魔方存在着3个重大缺陷：它不但很难还原，而且另外两种名为“细胞体”和“立即发疯”的立方体智力玩具已经占领了市场。不仅如此，磁力结构还使得魔方造价太高且很容易作弊。

这一计划最终泡汤了。但是，当尼古拉斯在1978年发现Ideal公司已经将鲁比克3阶魔方推向市场时，Moleculon公司出面与Ideal公司进行交涉，指责对方侵害了尼古拉斯的专利。Ideal公司对此予以否认。1982年，Moleculon公司一纸诉状，将Ideal公司的母公司CBS公司告上法庭，索赔6000万美元。1984年，特拉华州威尔明顿的联邦地区法院开庭审理了此案。经过了漫长的庭审过程，Moleculon的首席专家杰瑞·斯洛克姆连续用了4天半的时间进行举证，法官判定Moleculon公司与尼古拉斯的专利合法有效，Ideal公司侵权成立。CBS公司进行了上诉，在经过了一系列法庭诉讼之后，在1989年4月，联邦上诉法院的3位法官最终支持了CBS公司的上诉。

在鲁比克方块之前，还有另两个类似的发明专利。1960年，加利福尼亚州弗雷斯诺的一位数学教师威廉·O·古斯塔夫森发明了2阶球状魔方。这个玩具的外部结构统统镶嵌在中心的一个有沟槽的圆球上。1963年，古斯塔夫森的设计获得了美国专利。古斯塔夫森也曾试图将他的发明推向市场，却遭到了约80家玩具公司的拒绝。

在英国的白金汉郡，弗兰克·福克斯发明了类似于榫卯结构的中空的3阶球状魔方，并于1970年4月9日获得了英国专利。尽管他也想到了用26种颜色、字母或数字来表示魔方的所有块，但他更主要的想法是把自己的发明当做“三子棋”的棋盘。

拉里·尼古拉斯

鲁比克早期制作的木制魔方

厄尔诺·鲁比克的发明

厄尔诺·鲁比克于1944年出生于匈牙利，家境不错。他的父亲老厄尔诺·鲁比克是一位航空工程师，从事设计滑翔机和轻型飞机的工作，曾于1963年获得匈牙利的最高奖“科苏特奖”。厄尔诺·鲁比克起初在一家学校学习雕塑，后来转而学习建筑，于1967年从布达佩斯技术大学拿到了学位。1971年，鲁比克又从实用工艺美术学院拿到了室内建筑的硕士学位，并成为一名大学讲师。

奇迹出现在1974年春天，当时鲁比克正在学校教授三维设计课程。该课程的一个常规实验是让学生用硬纸片制作立方体模型，来展示怎样将一个立方体平均分割成8个小立方体。大立方体的每个面都涂有不同的颜色，这样就能更清楚地展现大立方体和小立方体之间的关系。鲁比克注意到，当对一排小立方体进行转动时，不仅那些小立方体的位置得到了重新排列，整个大立方体也发生了改变——这样一个玩具的概念就诞生了。

制作这个玩具的最大挑战是如何发明一种结构，能让位于同一排的小立方体一起转动。这甚至比发明这个玩具的概念本身更加具有挑战性。尽管如此，鲁比克仅用了6周时间就设计出了这种结构，它简洁优雅，令人激动。

在设计过程中，鲁比克应用了一些基本的设计原则。他让魔方的每个部分都尽量简洁紧凑，他说多瑙河中的鹅卵石给了他灵感。他坚信一个设计的功能要大于其形式，对这种弹簧与螺丝的结构感到非常满意，因为这一结构为魔方能保持一个整体提供了“必要的张力”。

制作出第一个魔方后，鲁比克用了一个月的时间研究出一套还原方法。令人惊奇的是，在这期间他没有做任何书面记录，而是全凭大脑思考找到了还原方法！1977年12月31日，鲁比克拿到了匈牙利专利，职业大学（Politechnika）合作社同意由他们来生产魔方。接下来发生的事，如一些人所说，就成了历史的一部分。

那时，鲁比克住在布达区靠山的一处自建住宅中。实际上就住在他父母的楼上。20世纪80年代初，鲁比克来到伦敦进修英语，我有机会见到了他。我在1981年末写下的一段话中这样描述他：“他有点内向，但是当聊天进入到有关三维的内容时，他一下子变得健谈起来。他交谈时的举止显得严肃而紧张。他回答问题的方式总是能引申出更多值得思考的问题和想法。总之，他是我遇到的少数能迅速展现出天赋的人之一。”

厄尔诺·鲁比克

印有鲁比克亲笔签名的匈牙利原版魔方包装盒

装在透明包装中的“魔术方块”

魔方的传播

魔方最初被称为“魔术方块”，Magic Cube，在匈牙利语中是*Büvös Kocka*，德语中则是*Zauber Würfel*。那还是在我们知道发明者的名字之前几个月，而最初的报道甚至说他已经去世了。职业大学合作社在1977年初试产了5000个魔方。那年秋天，他们决定大量投放广告来为圣诞档期促销。但在检查仓库时却发现存货已经没了。

魔方在1978年布达佩斯国际博览会上赢得了一个奖项，这为它带来了来自国外的订单。流水线再次运转了起来，大批魔方被销往欧洲各地。1979年，鲁比克又获得了匈牙利教育文化部的一个奖项。到了1981年，魔方获得了英国、法国和德国的年度玩具奖，并于1982年在英国再度获奖，成为唯一一个连续两年获得英国年度玩具奖的玩具。1990年，鲁比克被选为匈牙利工程学院院长。

我第一次见到魔方是在1978年夏天，在赫尔辛基举行的国际数学家大会上。当时我听说有些人拥有一种匈牙利产的新式立方体玩具。特别是约翰·康威（当时供职于剑桥大学，现在在普林斯顿）和罗格·朋罗斯（现在已经是罗格爵士，供职于牛津大学）都带来了一些样品。朋罗斯有一个包，里面装满了背面写有解法的信封；康威则能在不看解法的条件下在不到4分钟的时间里还原！匈牙利首席数学教育家塔马斯·法加带了一兜子魔方去开会，我从他那里弄到了自己的第一个魔方。当我玩了一整夜并观察了别人怎么玩之后，我开始确信这确实是一种特别的玩具。

当我回到家后，第一次向妻子展示魔方时，她立即将其视为自己的一个“敌人”。

我向匈牙利领事馆询问能否进口魔方到英国，我还与匈牙利人联系，并收到了他们寄来的装有12个魔方的包裹。当包裹寄到时，我的同事们开始缠着我，宣称我曾经答应过要给他们一个。

取下一个棱块，你就可以欣赏到魔方内部的精巧构造。

1978年12月，一个匈牙利进口商给我写信说他弄到了“大量的”魔方，我给他打电话订购了60个。当我在系里转了一圈后这些魔方就兜售一空了。于是我再次打电话订购了100个。到了周末，我再订200个，之后这个数字持续增加。那个进口商一共有5000个魔方，他以为足够他卖上1年，结果我3个月就全给卖完了。

直到拥有了充足的货源，我们才小心翼翼地研究起魔方的内部结构来。一开始没有哪个人敢拆开魔方，所以它的内部结构一直是个谜。我的一个邻居是我见到的第一个胆敢拆开魔方的人。他发现当撕开一个中心块的贴纸后，可以看到里面有一个明显的盖子。用螺丝刀或者小刀揭开盖子就会看到里面的螺丝和弹簧结构。螺丝很容易就能扭下来，于是整个魔方就被拆成了碎块。还有另一个简单拆法——将一面旋转45°，并将该面上一个棱块向上撬下来。

当你拆下来一个棱块之后，魔方的其他部分就很容易拆了。然后，你就可以欣赏到其简洁而精巧的构造。每个面的中心块都用螺丝连在一个纺锤形中心上，棱块卡在中心块下面，角块则卡在棱块下面。这个结构也考虑到了如何使它能够光滑地转动，用弹簧顶起的螺丝起到了这个作用。当然，这也会造成一定的磨损。

如果你把魔方拆开，重装时最好按照它还原后的状态装。如果是随机组装的话，则只有1/12的概率安装正确。我曾听说有人溜进同事的家或办公室，把魔方偷出来拆了再装错放回去，把魔方的拥有者搞到抓狂。当然，你也可以撕开一些贴纸重贴。

上帝之数

计算魔方转动步数的方法主要有两种：按转动面计算或者按旋转90° 来计算。区别在于旋转180° 在第一种情况下算一步，而在第二种情况下算两步。我最先采用了按转动面计算的方法，因为它比另一种方法更容易测算魔方还原的程度。

2008年9月，还原任意状态魔方需要的最小步数被确定在20～22步之间。这两个数字都是采用按转动面计算的方法。至少需要20步才能还原的状态由迪克·温特在1992年发现，并由迈克尔·雷德在1995年证明该状态确实没有更简单的还原方法。目前可能需要的最大“最小步数”则由塔玛斯·罗基奇于2008年9月完成了证明，但他仍没能找到一个至少需要21或22步才能还原的状态。

还原魔方

在赫尔辛基时以及回到伦敦后，我开始着迷于“还原”魔方（即将魔方从任意的打乱状态恢复到初始状态）。我为此几夜没睡着觉。回到家2周之后，我终于找到一种能将任意4个棱块移动到指定位置的方法，其余的还原步骤也迎刃而解了。这个方法谈不上多优美，但确实管用。

魔方共有43252003 274489856000种不同的状态（也就是4300多亿亿种状态——我想我可能是第一个算出这个确切数字的人）。但如果魔方表面不只是单纯的颜色（就像一些表面有图案的魔方那样），你还要将这一数字再乘上2048才是最终的状态数。

约翰·康威——世界最顶尖的群论专家之一，发现魔方遵循“守恒律”，意思是对魔方来说有些移动方式是永远不可能的。他和他的同事都认为魔方任意状态的最短还原路径是“上帝之数”。

我发现每一个讨论还原方法的人都自创了一套符号，诸如x、y、z之类，而且通常还表述不清楚。最常见的情况是表述不清到底该往哪个方向转，特别是当你要转动“后面”的时候。于是我创造了自己的符号系统。我曾经印过30多份关于这套手写符号的说明，它使用了基本的数学符号，却避免了x、y、z这样的符号（可我现在一份也找不到了，如果你那里保留着一份，麻烦寄给我一份复印件）。康威也发明了一套符号，但是却让人感觉有点怪，而且这套符号还取决于魔方6个面的颜色。那时还没有“标准配色”这个概念，我的一个邻居这样向我描述他儿子如何在电话里教人还原魔方：“现在转动红色面——也就是你的魔方上的蓝色面。然后转动绿色面——也就是你的魔方上的黄色面……”这样的描述显然令人抓狂。

我认识到发明一套能让所有人看明白转动方向且不涉及魔方表面颜色的符号的必要性。我选择了上（Up）、下（Down）、左（Left）、右（Right）、前（Front）、后（Back），我也曾想用顶（Top）和底（Bottom），但是因为符号里已经有B（Back）了，就不能用了。这套符号为描述魔方的面和块以及魔方的转动方式提供了简便的方法。我用一个字母来描述魔方的转动，比如B，指的是在这个面正对着你的情况下将它沿顺时针的方向转动90° 。

我还用这套符号写了个还原手记，并做成书于1979年2月出版。书名是《“魔术方块”手册》，这是因为“鲁比克方块”（Rubik’s Cube）这个名字是1980年才出现的。这套符号很快取代了其他各种符号，并让对魔方的后续研究工作变得可行。我想这应该是我所有的工作成果中影响最大的一个。之后，更多的资料和概念以比我的处理能力快得多的速度不断出现。到了1980年，这本书的页数增加到75页。最后一版包括一个4页的段落：“魔方逐步还原法”。这一版一共卖了5万多册。之后，我创办了《魔方研究》杂志，从1981年到1985年一共发行了8期，直到现在你还能在互联网上找到它。

苏珊娜·劳瑞是《观察家》杂志的女编辑，她曾约我写篇关于魔方的文章。这篇名为《六面魔术》的文章于1979年6月17日发表，它也许是匈牙利之外发表的第一篇关于魔方的文章。我还为《数学通报》杂志写过一篇名为《匈牙利魔术方块》的文章，它在数学界推广了魔方的基本知识和相关数学概念。

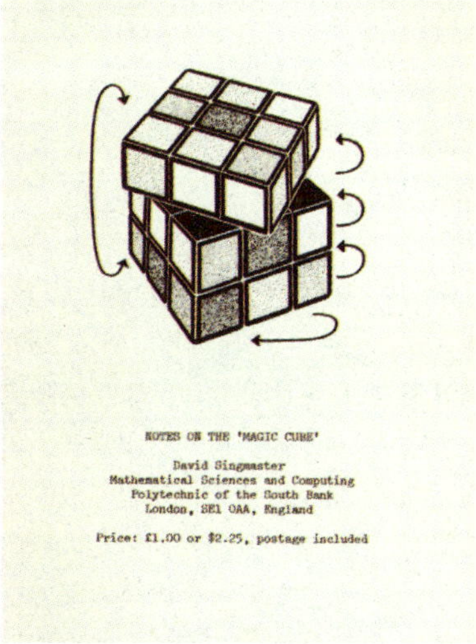

辛格马斯特的手记，1979年出版

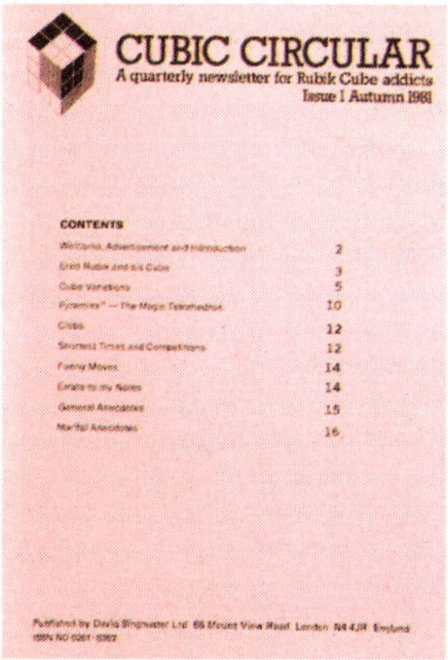

《魔方研究》，1981年出版的一期

全世界的魔方热潮

蒂迫·拉齐，一位为德国电脑制造商工作的匈牙利裔商人，在1978年开车去匈牙利公干时在一家咖啡馆“发现”了魔方。当时他在咖啡馆遇到的一个侍者有魔方，但他还不会还原。拉齐看出了魔方的潜在价值，并用1美元将它买了下来。

在和鲁比克见面后，拉齐将魔方带到1979年2月的纽伦堡玩具展上，想找一家德国经销商来合作。他在那里遇到了土生土长的匈牙利玩具开发商汤姆·克莱默，他在伦敦注册有一家名为Seven Towns的公司。克莱默一下子就被魔方迷住了，决定帮助拉齐一起将魔方在匈牙利的成功推向全世界。

魔方秘闻

随着魔方热的扩散，关于它的一些神秘传说也就产生了。在其中一个传说中，约翰·康威的一个研究生的胡子或是领带被卷进魔方中，随后整个人都被魔方卷了进去。康威的小组发现，只要能将魔方恢复到那小子进入魔方前的状态，他就能从魔方中钻出来。但是，已经没人知道那个状态是什么，于是这家伙就此人间蒸发。一个德国的魔方广告语说得十分贴切：“别碰它，否则你永远别想解脱。”

拉齐回到匈牙利着手与该国政府官僚打交道，与此同时，汤姆·克莱默则开始满世界游说那些玩具厂商。遗憾的是，他发现这一行业中根本没人像他们那样对魔方充满信心。尽管魔方看上去让人印象深刻，但大多数人的观点则认为它在商业上的前景十分渺茫。因为它的“缺点”太多了：生产起来很贵很麻烦，而且其迷人之处也没办法通过电视展现出来，太深奥，太费脑筋，太安静，顶多只能在学术圈子引起共鸣，而无法吸引广大不明真相的群众和无知青少年。

在碰了一鼻子灰之后，克莱默说服Ideal玩具公司市场部副主管斯图尔特·希姆斯到匈牙利看上一看。那时已经是1979年9月，在匈牙利的大街小巷、有轨电车、咖啡馆已经偶尔可以看到魔方。在匈牙利与美国之间经过一些天的谈判之后，以及克莱默和拉齐的斡旋之下，Ideal玩具公司获得了100万个“魔术方块”的独家销售权。

随后，Ideal公司从1979年底开始发售魔方。据说，他们向Konsumex预付了100万美元。Ideal公司并不喜欢魔方名字中“Magic”这个词，他们认为一些人会由此联想到邪恶灵魂一类的东西，于是想要给它换个名字。他们曾考虑过“戈尔迪之结”（戈尔迪是古希腊神话传说中小亚细亚弗里基亚的国王，他在自己的一辆战车上打了个分辨不出头尾的复杂结子，并把它放在宙斯的神庙里。几百年间智者和能工巧匠们都无法解开它。神示说能解开此结的人将能统治亚洲。最终此结被远征到此的亚历山大大帝一刀砍断）以及“印加的黄金”（1536年，一支西班牙探险队从哥伦比亚北岸向南美内陆进发去寻找黄金。他们在一个印第安人村落中看到一座太阳神庙，庙里存放的木乃伊身上覆盖着黄金饰物。当地人称这些黄金是用食盐向另一个印第安国度交换来的，还说那里每年要举行一次祭拜太阳神的黄金人庆祝大典。这导致之后几百年中无数探险队深入南美丛林寻找传说中的黄金国）之类的名字，但一方面希姆斯不喜欢它们，另一方面这些名字也很难登记注册。几天后，他想到了“鲁比克方块”这个名字。它不但读起来很押韵，而且由于鲁比克本人只在匈牙利申请了专利，这个名字的注册也不成问题。在那时，我还没听说过有哪个玩具以它的发明人的名字来命名。1981年，“鲁比克方块”被收录到《牛津英语词典》以及《大英百科全书》之中。海关甚至为它单独设置了一个新的条目：魔方类货物。

职业大学合作社将他们的名字改为了Politoys，并改进了魔方的品质。改进后的魔方更轻，更光滑，更容易旋转。在美国，1980年5月5日，匈牙利人萨撒·加伯尔在好莱坞举办了一个派对之后，Ideal公司的促销活动也展开了。

鲁比克方块

Ideal公司将魔方装进透明圆柱状包裹中发售，这样能增加它的观赏性。魔方在英国的零售价是6～7英镑（约相当于现在几百人民币），大约是之前我和其他英国的魔方销售者所卖价格的两倍。尽管如此，Ideal公司还是在1980年售出了450万个魔方，并打算1981年在美国售出1000万个魔方。经估算，到那年秋天他们实际已经售出了2000万个。据报道，德国慕尼黑的一家商店一个小时内卖出了800个，英国沃尔夫汉普顿的一家商店一个小时内则卖出2000个。对于商家来说，一个周六卖出1000个魔方已经是稀松平常的事了。

魔方成了匈牙利用来出口创汇的最主要商品。1981年，甚至有报道说鲁比克本人已经成了该国首富。

1979年2月，我在埃克塞特大学作了我的第一场魔方讲座。随后的几年中，我在9个国家一共作了不下70场这样的讲座。1979年12月，我去了纽约，并送给马丁·加德纳（美国著名科普作家，趣味数学和智力游戏领域的泰斗，曾担任《科学美国人》杂志趣味数学专栏作家长达25年，本书封底有马丁·加德纳为本书所写的推荐语）一个魔方，于是1981年3月号的《科学美国人》杂志作了一期关于魔方的封面专题。

魔方同人杂志

1980年，麻省理工学院出现了一个叫做“魔方爱好者”的电脑公告板。直到1996年关闭时，它一直是互联网上存在时间最长的公告板之一。据我所知，截至1981年秋天，全世界至少存在着8个魔方俱乐部，当然实际数量可能远远多于此数。从那之后有更多的俱乐部成立，但后来其中大部分都解散了。

安尼克·特雷普和贾斯特·范鲁瑟姆建立的魔方俱乐部是它们中唯一一个至今仍然很活跃的。它成立于1981年，一开始是一个荷兰语的同人杂志，在此基础上发展成了荷兰魔方俱乐部。该俱乐部的英文同人季刊《嗜魔瘾君子》出版了很多年，甚至在差不多30年后该俱乐部仍然在不断发展。它现在不仅囊括了所有智力玩具，每年还要为智力玩具爱好者举办一次魔方节。

挑战魔方

我的一个同事保罗·泰勒，在1980年复活节期间曾经在伦敦南区散步，并在一个酒馆里发现了魔方。该酒馆承诺将送给任何能还原魔方的人一瓶威士忌。当他用了一些时间将魔方还原之后，酒馆老板却指责他作弊，并拒绝送他威士忌。

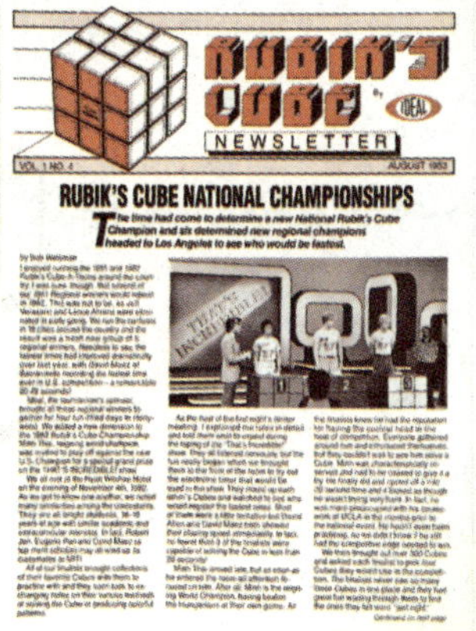

左图：在纽约附近出版的《魔方通讯》，从1981年5月开始共出版了4期。

中图：《魔方——逻辑与奇幻空间》，1982年创刊，共出版了8期。

右图：《嗜魔瘾君子》，1987年3月号，总第14期。

最快还原时间

单次还原时间并不是评价一个人魔方技巧的好方法，但是它却极具观赏性和趣味性。下面是一些早期的魔方最快还原纪录。

• 1978年夏天，约翰·康威可以在4分钟内还原魔方——那时我们还不知道有别人能在不看解法的条件下将魔方还原。

• 最早的魔方比赛也许是凯特·弗莱德于1980年初在布达佩斯组织的一次比赛。那时不断有报道称有人能在55秒、46秒、40秒甚至36秒内还原魔方。

• 在我的《手册》中，当时的最快还原纪录是尼古拉斯·哈蒙德的36秒，1981年1月24日，他在BBC的电视节目中用37秒还原了魔方。1981年底，哈蒙德已经可以用28秒还原魔方了——那时他只有17岁。

• 在德国汉堡，16岁的罗纳德·布林克曼在德国电视台的一档节目中用29秒还原了魔方，不久他的成绩又达到了24秒。当有人让他介绍点经验时，他的答复是："就是转啊转啊转。"

• 在巴黎，25岁的简·查尔斯致力于研究高效的还原方法，他的平均成绩先是达到了36秒，之后又提高到了32秒，最快一次达到21秒。他每分钟能转180下，而他的一个用时37秒的还原过程只用了126步。

• 在利物浦，16岁的迈克尔·马斯克的水平达到了20秒，并自称在没人观看的时候拧过一次14秒。

• 在澳大利亚，21岁的乔夫·哈里斯宣布，他曾用7秒就还原了魔方！

这时，如何才能判断魔方是否已经被彻底打乱的问题凸显了出来——连我自己都能只用一两步就还原一些比较特殊的状态，这当然用不了几秒。尽管只转五六步就能将魔方弄得很乱，但有些状态仍然要比其他一些状态易于还原一些，这也取决于还原者所用的还原方法。因此，单次还原时间确实没什么说服力。可行的方法是让还原者进行多次还原，而且所有人遇到的打乱状态应该是相同的。即便如此，就像在所有体育项目中一样，运气成分仍然不可避免。

1981年英国锦标赛

魔方比赛

整个1981年，到处都在举行魔方比赛，Ideal公司因此决定组织一次世界锦标赛。比赛先从地区锦标赛开始，再到全国锦标赛。英国总决赛于1981年12月在伦敦举行。选手们使用的是从箱子里随机挑选出的新魔方。

来自诺维奇的15岁选手朱利安·切尔维斯获得了英国冠军，并以25.79秒创造了世界纪录，这是他比赛中第三次还原的成绩。而他第二次还原的成绩是28.36秒，这也成为了世界第二好成绩。他自称只用普通汽车润滑油来润滑魔方。另一位选手则说他不喜欢凡士林，因为当他的魔方“转热”了之后凡士林会渗到表面上来。一个参赛者胳膊上系了条吸汗带，但是他承认这一举动更主要是为了震慑其他选手。20岁的爱尔兰冠军奈尔·弗格森是年龄最大的参赛者。他在两次还原的间隔时间里一直带着手套来给双手保温。

其他令人印象深刻的成绩：

- 简·查尔斯以25.6秒的成绩获得了法国冠军。
- 9岁的乔娜森·切尔以48.31秒的成绩获得了美国新英格兰赛区的冠军。
- 19岁的沃威克大学数学专业2年级学生约翰·怀特，能在先观察10分钟后双手背到身后还原魔方。
- 雷娜·塞斯说一个德国小男孩可以同时还原两个魔方——一手一个。
- 马尔·戴维斯说瓦尔绍的玛丽王后语法学校的学生里查德·赫德森能够在89秒内单手还原魔方。

美国锦标赛于1981年11月13日举行，一档电视节目《难以置信》对其进行了录像，并于12月7日播出。16岁学生明泰以26.04秒的成绩拿到了冠军。冠军奖金为2000美元，外加参加世锦赛的路费。亚军是杰弗瑞·瓦拉森诺，成绩为28.96秒。他曾在东部赛区比赛中以24.67秒创造过美国纪录。

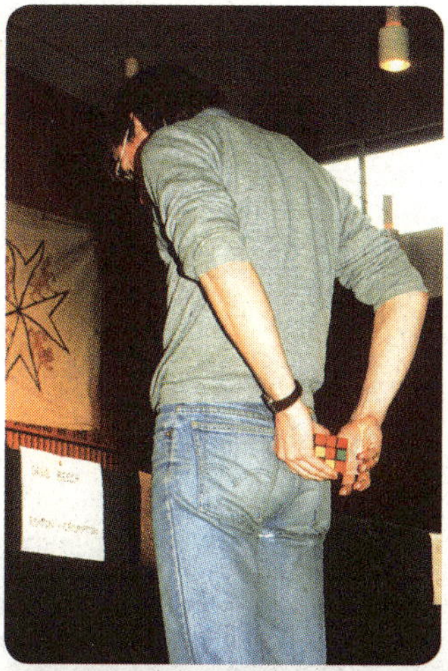

上图：约翰·怀特
背后还原魔方。

下图：里查德·赫德森
单手还原魔方。

第一届世界魔方锦标赛于1982年6月5日在布达佩斯举行。比赛由Politoys、Konsumex和Ideal公司赞助。来自19个国家，年龄从14～26岁的选手参加了比赛。比赛由Ideal公司英国公关部负责组织，因此它的赛制与英国的比赛相同。比赛用的魔方由鲁比克亲自从一条特别的流水线上挑选出来。每位选手获得了一个魔方用于适应手感。比赛中所有魔方都采用标准配色：白色对着黄色，红色对着橙色，绿色对着蓝色，而且蓝色、橙色和黄色按顺时针方向依次排列（简写成BOY）。

第一届世界魔方锦标赛参赛选手

鲁比克和一些数学家设计出几个难度相同的打乱状态。四组魔方被鲁比克分别按照4个不同的状态打乱好，并分别封装在箱子里。这些箱子被寄存在一家银行，并在律师监督下被带到赛场。比赛时打开一个箱子并放到选手入口旁，候赛的选手被限制在比赛区外，以使他们无法看到前面选手的比赛过程。当选手上场时先随机选择一个魔方，每位选手有3次还原机会，取成绩最好的一次作为最终成绩。最后一个魔方作为备用，以防有魔方在比赛时散架。

当比赛开始时，选手有15秒观察时间。然后，选手将魔方放到一个光电垫子上，当选手从垫子上拿起魔方时计时即开始，当魔方再次被放到垫子上时计时结束。

最终明泰获得了冠军，他的最好成绩为22.95秒。16岁的他来自洛杉矶，3年前他从越南移民到美国，当时甚至还不会说英语。当他买来魔方仅仅7天之后就能在2分钟内还原魔方。

比赛奖杯分为金、银、铜3种，外观是有一个角块被地球所取代的魔方——也就是比赛的logo。

比赛结束时，Ideal公司向所有参加者赠送了新生产的高阶魔方——4阶“复仇魔方”。我们很多人都在离开布达佩斯的飞机上研究它，我很高兴比明泰先研究出了还原方法。不久，我发现其实这更大程度上该归结于运气而不是技术：4阶有一种3阶遇不到的单棱翻特殊情况，而当我第一次还原时没遇到这种情况。

魔方于2003年复兴，丹·哥斯比在多伦多组织了第二届世界魔方锦标赛。从那以后，魔方比赛越来越多，比赛项目包括所有的立方体魔方：2阶、3阶、4阶、5阶，以及其他一些鲁比克产品[例如，魔板（Rubik's Magic）、魔表（Rubik's Clock）等]。这些比赛现在由世界魔方协会组织，公众对魔方兴趣的复苏使得2003年至2006年共举办了72场官方比赛。这些比赛采用平均成绩来排名，并用专用计时器来计时。选手共需要还原5次，取排在中间的三次成绩计算出平均成绩。最好的单次成绩仍然算是一项纪录。加拿大软件工程师丹·奈特获得了2003年世界魔方锦标赛3阶项目冠军，平均成绩为20.00秒。

当这本书付印时，3阶单次世界纪录已经达到7.08秒，由埃里克在2008年捷克公开赛上创造。平均世界纪录则由中岛悠在柏市公开赛上创造，成绩为11.28秒。4阶单次世界纪录为41.16秒，5阶单次世界纪录为1分16.21秒，而2阶单次世界纪录仅为0.96秒（现在以上大部分纪录都已被刷新，新纪录这里不再一一列出，欲知详情，请登录世界魔方协会官方网站：www.speedcubing.com）。

匈牙利为第一届世界魔方锦标赛专门发行的邮票

魔方趣闻

•美国康涅狄格州曾有一场橄榄球赛因为一名球员未到场而推迟开场，最终当队友们在更衣室内找到他时，这位老兄仍在攥着魔方研究。

•我的一个同事罗伯特·科尔在候车室等火车时摆弄魔方，有两个旁观的人看得入迷，一直跟到火车上，15分钟后其中一人发现自己上错了车。

•英国的魔方热潮始于鲁比克于1981年1月24日出现在BBC周六早晨的一档少儿节目《交换商店》中，一起出现在节目中的还有用37秒还原魔方的尼古拉斯·哈蒙德，而另一家电视台ITV的一档与此有竞争关系的节目Tiswas随后推出了一个“镇压魔方”的运动。

•下面是几种专为盲人设计的魔方。

盲人专用魔方

•“魔方”这个词演变成了一个流行语——在一些漫画中被用来隐喻各种政治、教育和经济问题。

1.第一个此类政治漫画由弗里克斯·穆希尔发表在1981年的《法兰克福评论报》上，内容是发呆的赫尔穆特·施密特（时任西德总理）拿着一个写有“失业的柏林”字样的魔方。

2.在尼古拉斯·加拉德于1981年7月7日在《每日电讯报》上发表的漫画中，威廉·怀特劳（时任英国副首相）和玛格丽特·撒切尔（时任英国首相）为一个写有“种族暴力”的魔方而一筹莫展。

3.马胡德于1981年在《笨拙》杂志上发表了一幅漫画，画中的军人列队目视挂在降落伞下的巨型“俄罗斯魔方”从天而降。据说，这种魔方是鲁比克魔方的一个变种，能够在几分钟内彻底瓦解敌人的意志。

上图：尼古拉斯·加拉德发表在《每日电讯报》上的漫画。

中图：1981年马胡德发表在《笨拙》杂志上的漫画。

下图：《Stern》杂志封面上施密特总理玩魔方的肖像。

•有个人自称魔方终于将他从数学的狭小空间中解放了出来。过去当他跟人说起自己是个数学家时，别人总把他当成是个被社会遗弃的家伙。而现在其他人则总是向他请教如何还原魔方。

•索拉蒙·哥洛姆将魔方的角块与夸克进行了类比，并由此扩展出一门名为“魔方宇宙学”的学问。

•魔方的形象赫然出现在纽约现代艺术博物馆的一个设计方案中。

•魔方也在音乐领域给人以灵感。

1.《鲁比克先生》这首歌出现在巴伦·奈特的胶木唱片《将奈特扭到一边去》中，它在1981年一度非常流行。

2.一对匈牙利夫妇比·穆斯提和安德拉斯·多比在1982年写了一首《中层的诡计》。

3.著名的信息理论和正误密码发明家克劳德·香农写了一首关于魔方的离奇的歌曲《魔方按语（A Rubric on Rubik Cubics）》。这首歌后来的版本出现在我的《魔方研究》杂志以及他的《藏品》一书中。

左图：巴伦·奈特的《鲁比克先生》。

右图：比·穆斯提和安德拉斯·多比的《中间的诡计》。

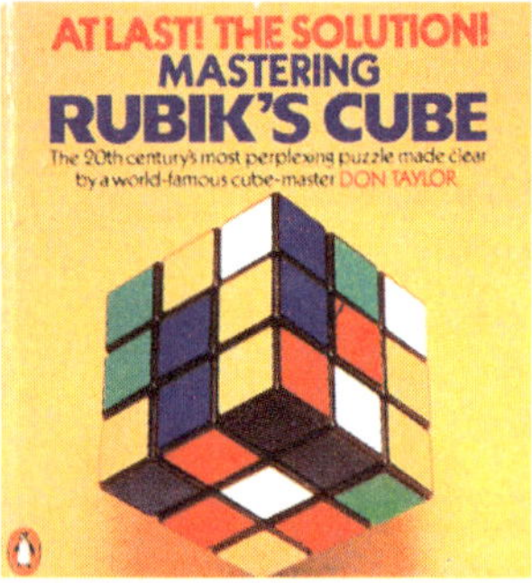

上图：丹·泰勒的书是20世纪80年代最流行的魔方书之一。

中图：当帕特里克·伯塞特出版他的魔方畅销书时还是个13岁的孩子。

右图：诺斯的书卖了超过600万本。

关于魔方的书籍

1981年，鲁比克与几位同事撰写了《魔术方块》一书。我为此书撰写了前言，题目为《魔方之魅》。后来我又编辑了它的英文版，并于1987年出版，书名改为《魔方概要》，以作为我为牛津大学出版社编辑的《数学消遣》系列书籍中的一本。

在这本书中，鲁比克分析了魔方所具有的几个独一无二的特性：所有的块都连在一起；每次都要同时移动许多块；每个块都不只有位置问题，还有方向问题。

从那以后，又出现了很多符合这种特性的玩具，但是它们因为所具有的共性被统称为"魔方类玩具"。

有很多关于魔方及其解法的书。在乔古斯·赫姆的一本目录志中对每一年出版的此类书籍的数量统计如下：1979年14本，1980年52本，1981年174本，1982年70本，1983年15本。

从1981年7月12日开始，魔方解法类书籍霸占《纽约时报》畅销书排行榜榜首位置长达40周之久。先后有3本此类书籍站上了这一位置：詹姆斯·诺斯的《魔方简易解法》；澳大利亚人丹·泰勒的《玩转魔方》和13岁的帕特里克·伯塞特的《你也能还原魔方》。1982年1月24日，诺斯的书高居畅销书榜首，他的另一本书则位居第6，同时伯塞特和泰勒的书则在销售量排行榜上位居前两位。另外Østrup编写，以及泰勒与兰德斯合著的两本书则位于第9和第12位。从魔方解法书的销售情况看，那一天可能是整个魔方热潮的最高点。诺斯的书在排行榜上占据了34周，泰勒的书则占据了38周。伯塞特的书卖了至少100万本，据说达到300万本，而诺斯的书则超过600万本！

魔方的影响

早期的魔方很僵硬，还原者通常要用整个左手抓紧魔方，用左手大拇指肌腱的力量狠狠压住魔方才能转动。这会导致一种被称为"魔方指"的炎症。如果还原者年龄大于50岁，人体自身的肌腱润滑能力就会下降，结果就是想治愈这种炎症没准要动手术才行。"魔方指"的成因显然和"迪斯科趾"差不多。1981年的《新英格兰医学》杂志对此做了报道。

当我在撰写自己的书时，我要经常性地动手验证书中的内容，然后就得了一种我自称为"鲁比克腕"的毛病，这大约是一种反复做拉伸动作所导致的损伤。

从好的方面看，多伦多的埃里克·伯芬斯特宣称魔方治好了他的网球肘。我的一些爱打网球的朋友推测这八成是他好久都没顾得上打网球的缘故。但是，他在回复中说，和玩魔方同样的手部训练恰好也是治疗该病的基本方法。

英国巴斯的一所高中禁止学生玩魔方，理由是它有安全隐患。“学生们玩起魔方来就忘记一切，时不时会撞到一起，甚至失足跌倒”，女校长多芮斯如是说。伦敦的Wandsworth监狱同样禁止玩魔方，因为有人发现，有一个魔方里面藏了大麻。

我遇到过一个在青少年白血病病房工作的医生，他说那些青少年病人需要什么东西来分散他们的注意力，魔方是他遇到过的最佳道具。

一位母亲给《每日快讯》写信，称她患有严重智障的14岁女儿学会了还原魔方，这不但使她女儿得到了快乐，全家人也都很惊讶和高兴。

亨利·欧内斯特·杜德尼（19世纪末20世纪初英国著名趣味数学家，与萨姆·劳埃德齐名，两人曾长期视对方为死敌）曾于1873年这样描述“15”滑块游戏热潮袭来时的盛况：“虽然说这种说法可能有些言过其实了，但据说有1500多名意志薄弱的美国人被这种东西弄得精神崩溃了。”我的商业合伙人简·南柯维尔建议在我们的T恤上印上这样的口号：“魔方——改正归邪”。幸运的是，我们到现在还没听说真有这样的事情发生过。

魔方T恤

魔方诉讼

Ideal和Politoys公司于1981年对盗版商展开了法律攻势。第一个递交给英国法庭的起诉书是起诉伦敦本地的Dallas 转印部和Dallas市场部贩卖的“奇妙方块”。指控罪名有两项——侵权和冒牌。后者意味着通过销售假冒产品来误导公众。侵权的罪名证据确凿，法庭判决也支持了他们。

但是，尽管Dallas的产品与鲁比克方块在大小、颜色甚至外包装上都极为相似，Ideal公司的冒牌指控却没有成立。Ideal公司被告知由于他们在1980年之前的销售业绩和形象推广不足，他们并未建立起一个品牌形象。即便如此，这一诉讼还是直接导致Dallas公司破产。

失败的还原者通过重粘贴纸的方法让自己的魔方看上去像是已经被复原了。

Ideal公司随后就向所有卖过盗版魔方的商家索赔。绝大部分商家不得不签订了不再销售盗版魔方的协议。Ideal公司的首席法律顾问暗中监视了Tilbury（伦敦集装箱码头）的背街，结果在深夜抓到了整集装箱的盗版魔方。

在美国，Ideal公司获得了几项强制令，并尝试堵截盗版魔方的进口渠道。一个盗版魔方的进口商辩称自己购买的魔方来自于为Ideal公司进行生产的工厂，但是却没有任何证据证实他的这一说法。

据Seven Towns公司称，魔方在全世界获得了超过60个持续的受保护权利，不仅是魔方本身，连它在电视、电影和广告中的形象使用权也一并受到保护。海关官员们经常能抓到盗版魔方，一般的处理方法是就地销毁。2007年，全世界有超过50万个盗版魔方被销毁。

魔方热潮的衰落和复兴

打倒魔方

就像其他所有热潮一样，魔方热也逐渐降温了。有许多因素造成了这一结果。1981年初，由于魔方的需求量过大，以致造成了一次“魔方饥荒”。Ideal公司的高价策略使得远东等版权和专利保护力度不足的地区盗版横行。在1981年初魔方大饥荒期间，我曾听说在魔方二手市场上，一个魔方被卖到15英镑（约合现在的千元人民币）。盗版魔方如潮水般涌来，并在街市上以低于Ideal公司的价格公然贩售。尽管盗版魔方在润滑度和耐久度上都远不如Ideal公司的正版产品，盗版魔方的销售量还是达到了正版魔方的3倍多。盗版魔方低廉的价格使得许多大商店不再销售库存的魔方，甚至是其他智力玩具，由此造成了智力玩具市场的一次大萧条。

20世纪80年代初，“熔化的魔方”是一个流行的新奇装饰品。

实心黄铜魔方

终极魔方

纯黄色魔方

爱尔兰魔方

印有“魔方就是个杯具”字样的杯具

砸魔方工具

1982年，一场“打倒魔方”的运动开始了。供人重新粘贴魔方表面用的贴纸出现了，它可以让魔方看上去像是已经被还原。在那时，新颖的单色魔方也出现在市场上，甚至还分成了不同的颜色，包括纯绿色“爱尔兰魔方”，以及纯红色“农夫（Aggies）魔方”［可能是引用了美国德克萨斯州A&M大学的典故（该校前身为德州农工学院，美国早期各州的公立高等学校基本上都叫做农工学院，后来这些学校纷纷改名，唯有该校一直保留A&M字样以示纪念，其实它早已是一所综合性大学。该校学生通常被戏称为Aggies）］，甚至还出现了实心黄铜魔方。

其他新颖的物品包括用来嘲弄魔方的咖啡杯和小塑像之类的东西。一个流行的装饰品的外形是一个细长的铜螺丝横穿进一个魔方之中，下面配有一个木制底座，底座上还有一块写有“钻它”字样的铜牌。市面上还能见到砸魔方工具——其实就是一个贴了块标签的木槌。

各种恶搞的书籍也出现了，内容都是嘲弄魔方还原者以及那些早期魔方书籍的。随后各种魔方杂志和俱乐部纷纷偃旗息鼓——只有荷兰魔方俱乐部存活了下来。

有关“打倒魔方”的各种书籍

6阶和7阶魔方

魔方归来

人们无法统计全世界范围内曾经售出过多少个魔方。很多人，包括Seven Towns公司的一些人，估计全世界售出的魔方已超过3亿。

到1983年底，魔方热潮终于结束了。

但是，魔方的第二股热潮已经到来。魔方在近5年来在玩具商店、书店和互联网上再次风行。魔方解法的传播，竞速小组的增长，以及魔方销量的蹿升使得魔方再次成了时下的流行玩具。近几年，在俄罗斯、印度以及远东等很难买到正版魔方的地方魔方玩家的数量也都在增长。从其他一些角度也可以看出魔方正在复兴，比如全世界的魔方比赛在不断增加；6阶、7阶等新型魔方的出现；大量新颖的异形手工魔方也被设计和制造了出来，尽管其中只有一小部分是通过合法途径生产的。

一个好的玩具通常会突然非常流行，然后再逐渐衰落，但随后会转变成一个有长久影响力的玩具。1904年，亨利·杜德尼这位著名的智力游戏大师，曾形容“15”滑块游戏“如安妮王后般飘然而去”，但是直到今天你仍可以从商店里买到各式各样的滑块玩具。在20世纪80年代，我曾说过魔方将成为人类永恒的玩具，如今这句话正在成为现实。

第三章

魔方家族

撰文/吉尔特・希林斯

匈牙利原装魔方

其他种类的立方体魔方

3阶魔方的变体

鲁比克魔方发明后不久，各种改装版本便纷至沓来。中国台湾的公司率先生产了这种魔方，日本和俄罗斯的公司则紧随其后。这些变体魔方形状各异，包括八边管形魔方、球形魔方、削角（将8个角削成三角形，使得6个面变成八边形）魔方、14面体魔方（表面由8个正三角形和6个正方形组成）、宇宙飞船形（也称为垫子或枕头形）魔方、俄罗斯减棱魔方、钻石魔方、斜方十二面体魔方等。事实上，鲁比克本人用木头制成的第一个魔方原型也不是正立方体形状，而是削角魔方。

八边管形魔方

球形魔方

削角魔方

14面体魔方

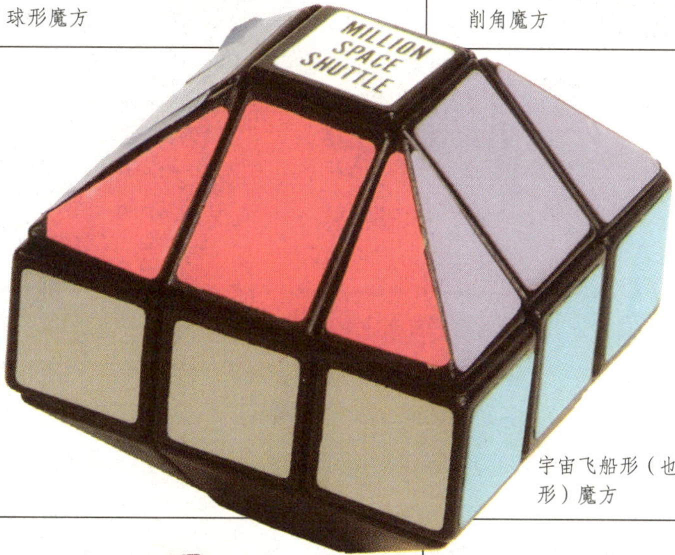

宇宙飞船形（也称为垫子或枕头形）魔方

俄罗斯减棱魔方

钻石魔方

斜方十二面体魔方

八面体魔方

八面体魔方

Trajber八面体

克里斯托弗魔石

俄罗斯魔石

另一种版本的3阶魔方是八面体魔方，这种魔方的表面由8个等边三角形构成。每4个等边三角形共有一个顶点。虽然这种魔方看上去复杂，但它确确实实是3阶魔方。如果将那些无关紧要、纯粹起装饰作用的部件忽略不计，它只能在三个平面上进行旋转和交换。另一种版本，Trajber八面体产于中国台湾。将这种八面体魔方的装饰性部件去掉就成了克里斯托弗魔石（也称为俄罗斯魔石，它在俄罗斯的奔萨被当做一种纪念品）。

2阶魔方的变体

在3阶魔方流行之后，厄尔诺·鲁比克申请并于1983年获得了2阶“口袋魔方”的专利。另外，有多家公司（例如中国台湾的东贤公司）申请到了其他结构的2阶魔方专利，他们也都有生产。尽管2阶魔方的全部可能状态只有3674160种，其中最复杂的状态也只需11步就可还原，但它仍然被很多人认为是难以还原的。

一种2阶魔方的变体是2阶球，很多公司都生产了不同大小和颜色的这种魔方。塞尔·考德利于2000年申请了K球的专利，另一种圆柱形状变体被称为罗塔，它有多种不同颜色的版本，由瑞士的玩具商涅夫生产。将2阶魔方的八个角切削掉一部分就可以形成八面体，但是这样一来每个面就只有一种颜色了，完全失去了还原的价值。因此这种魔方通常被粘上各种颜色的圆点，这样改造后得到的魔方被称为奥奇、波尔卡钻石或宝石，由东德VEB玩具公司生产。

从左至右：
口袋魔方
K球
罗塔
奥奇、波尔卡钻石或宝石

在奥奇魔方上再增加4个小正四面体，一个大的正四面体魔方就产生了。一个这种正四面体魔方的4个面为4个等边三角形，每3个面共有一个顶点。这种魔方的实物有两种，一种是乌韦·梅弗特公司发明的正四面体魔方，另一种产自德国的版本叫做Figurenmatch，它在正四面体的基础上又增加了4个小正四面体而成为了星形魔方，它与“东德房子”魔方一同发明于东德，后一种魔方是对2阶魔方进行切削的结果。

由于2阶魔方的结构实在是过于简单，人们就把它制作成各种稀奇古怪的样子，这样也使它更有市场价值。这样的2阶魔方至少有50种之多。其中很多种类只流行了很短一段时间。有些这种魔方被当做快餐店的小礼品，也有些被封装在各种零食袋子里。

2阶和3阶魔方都被人做成了球状。一种由Dyne公司生产的2阶球状魔方被称作韩国宇宙魔方，这种魔方的外层交叉点上增加了可以独自转动的块。

另一种与此类似，但是更大一些的魔方是西班牙的Marusenko魔方，它发明于2008年。它的发明人是卡本萨和亚历山大。

正四面体魔方

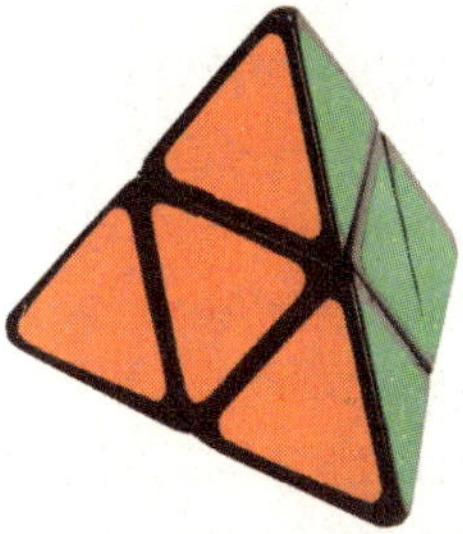

星形魔方

东德房子

做成各种形象的2阶魔方

Morph 1x2x2 魔方

Marusenko

鲁比克地球仪

韩国宇宙魔方

2阶地球仪

魔术多米诺

惊奇多米诺

厄尔诺·鲁比克还发明了一种2x3x3魔方，叫做魔术多米诺，并曾在20世纪80年代大量生产过。这种魔方最初的版本由9个白色块和9个黑色块组成，上面印有“多米诺点”。这种魔方一共有4.1亿种不同的状态，并同时应用了纺锤形和沟槽结构。它的一种俄罗斯版本则使用了另外一种结构。这种魔方曾经相当受欢迎，以至于有公司生产了许多种稍小一些的盗版产品，采用红—白或黑—白配色。

4阶魔方

布达佩斯的一位数学家皮特·萨本斯特尼于1980年发明了4阶魔方。他曾经带了一些3阶魔方到德国汉堡，却发现在那里3阶魔方尚未流行。在布达佩斯时，他发明了自己的魔方解法，能在3分到3分半的时间还原。当他要想办法在汉堡找个营生赚钱糊口时，一些朋友建议他设计一种4阶魔方。他用了2个月时间做完计算工作，设计出了4阶魔方的全部细节，并把设计图画了出来。他的主要思路是将3阶魔方的中心轴分成4块，并让它们能够围绕一个核自由转动。它们通过盾形结构的小块连接在一起。这些中心部分能咬住角块和棱块，以防止魔方散架。

但是在设计过程中，他遇到了很多问题。最大的问题是完全对称的设计和自由转动的核会使得魔方在转动时处于一种无法确定的状态，有时候这会使你在转动魔方时造成内部一些部分卡在两层之间。这将会使下一步沿与上一步相垂直方向的转动变得不可行，因为卡住的核会起到阻碍作用。为了解决这个问题，他引入了由一些球面三角形组成的阻塞系统，这使得魔方在转动时核总是跟随着其中某一半来运动。

皮特·萨本斯特尼。

皮特·萨本斯特尼的4阶魔方

5阶魔方

乌多·卡瑞尔的黄铜材料5阶魔方原型

萨本斯特尼最初设计的4阶魔方的块与3阶的一样大，但是，他发现这会导致整个4阶魔方过大。于是他决定使魔方的边长保持在66毫米。他做了一个原始模型，并于1983年12月20日获得了专利。他起先想把4阶魔方以自己的名字命名为萨本斯特尼魔方，但不久之后他决定还是把它当做鲁比克魔方的一个新品种。因为他觉得“如果没有3阶魔方就没有4阶魔方，我的魔方只是鲁比克教授天才设计的一个逻辑推演而已”。Ideal公司于1982年将其推向市场，在美国它被命名为“鲁比克的复仇”，在欧洲则叫做“鲁比克大师魔方”，如今它在美国被称为“鲁比克4阶魔方”。当魔方市场萎缩之后，Ideal公司停止了4阶魔方的生产，但后来乌韦·梅弗特公司又再次生产了它。2002年，东贤公司发明了一种新的4阶魔方结构。4阶魔方全部的可能状态数为7.4×10^{45}。

5阶魔方

同样生活在汉堡的乌多·卡瑞尔于1986年发明了5阶魔方。它最初在德国发售时被称为“鲁比克的幻觉”，不久之后改名为“专家级魔方”，现在它在美国被称为“鲁比克5阶魔方”。5阶魔方全部的可能状态数为2.8×10^{74}。此外，还有其他一些版本的5阶魔方，其中包括乌韦·梅弗特公司和东贤公司生产的版本。乌多·卡瑞尔的最初版本边长70毫米，东贤公司的产品边长则为60毫米。

V-cube公司生产的5阶、6阶和7阶魔方

在许多年里，6阶魔方曾被认为从几何学上看是不可行的（高阶魔方随着阶数的增加，角块相对于整个魔方来说变得越来越小，如果魔方仍然是立方体结构且各块大小一致，从6阶开始，当魔方的一层转动45°后角块就会由于完全悬在其他层之外而自行脱落）。但是，2005年在赫尔辛基举行的国际智力玩具大会上，一个6阶魔方实物却被它的发明者希腊工程师维德斯展示了出来。该魔方在大会期间的智力玩具设计大赛上获得了荣誉奖。

潘纳吉奥蒂斯·维德斯

当维德斯第一次看到鲁比克魔方时，他就相信更高阶的魔方是可行的。一开始他想用鲁比克魔方的结构实现它，但是很快他就发现想用这种结构解决高阶魔方的需求已经是力不从心了，特别是对于角块来说。维德斯设计的独一无二之处是用到了同心轴的概念，使恰当形状的圆锥形表面的轴与魔方的半轴相一致。这样就能让角块始终和魔方内部的部分连在一起了。他在20世纪80年代做出了一些手工模型，但并未公之于众。当他看到2～5阶魔方都已生产，却没人生产6阶魔方之后，决定为自己的设计申请专利，并于2004年获得了专利。

维德斯的专利范围很广，从2～11阶。阶数太高的魔方不仅会受到几何条件的限制，而且也由于它们太过昂贵和难以复原，因此还没有考虑投产。

从2008年开始，V-cube公司已经批量生产的魔方包括5阶、6阶和7阶。连接在一起的同心轴结构以及6个同心轴圆锥体表面是个绝对新颖的概念，它能保证魔方完成既光滑又可靠的优美转动。

V-cube公司生产的5阶和6阶V-cube魔方外形是规矩的立方体，但7阶魔方表面则突起了一些。这是为了保持整个魔方的完整性。由于同样的原因，6阶魔方的最外层要比内层宽一些。6阶和7阶魔方的构造原理是一样的，如果忽略黑色面上v字logo的方向问题，6阶魔方全部的可能状态数为1.57×10^{116}，7阶魔方全部的可能状态数为1.95×10^{160}。

以上提到的这些魔方都已经实现了批量生产，但是许多20世纪80年代发明的魔方现在早已停产了，因此你无法在商店里买到它们。它们有时候会在易趣或者是其他网站上出现。截至2008年，有下面这些网站销售各种魔方，当然这些网站的内容也会随时改变。

V-cube公司生产的5～7阶魔方

9s Puzzles (中国): www.9spuzzles.com

Cubesmith (美国): www.cubesmith.com

Cubikon (德国): www.cubikon.de

飞速魔方 (中国): www.FScube.com

Cubefans (中国): www.cubefans.com

Hendrik Haak's Puzzle Shop (德国): www.puzzle-shop.de

Meffert (中国香港): www.mefferts.com

Omega Studio (中国台湾): www.omega.url.tw/onlineshop

Puzl.co.uk (英国): www.puzl.co.uk

Puzzlemaster (加拿大): www.puzzlemaster.ca

Rubiks (美国): www.rubiks.com

Rubik's Korea (韩国): www.rubikskorea.com

Torito (日本): www.torito.jp

Tribox (日本): tribox.cart.fc2.com

V-CUBES (希腊): www.v-cubes.com

想要找外形奇特、高质量的手工魔方，可以到这个网站www.bedardpuzzles.com，想找各种魔方的资料以及最新的设计，则可到www.twistypuzzles.com/forum。贾普·塞尔非斯的网站www.geocities.com/jaapsch/puzzles上有各种魔方的解法。

新的魔方类玩具

金字塔和Skewb

乌韦·梅弗特，1939年11月28日出生于德国的韦尼格罗德，在鲁比克魔方公开发售前几年就发明了金字塔魔方。在20世纪70年代早期，当他在做有关处理金字塔和立方体等不同形状的固体模型会给人的健康和生物能造成什么影响的研究时，梅弗特发现当持有多边形物体时，例如正四面体或正十二面体，会起到一种温和的推拿和刺激的效果，并给人一种平和、放松和安静的感觉。他受到了鼓舞，尝试制作金字塔（也就是正四面体）形状的玩具。他的这一正四面体玩具的初步概念被梅弗特公司和他的兄弟，一位杰出工程师所改进。通过一个简单的结构，使金字塔的各部分连在了一起。这个名为金字塔玩具的最初模型是由刷了漆的木头制成的。

几年之后，当鲁比克魔方的热潮席卷全球，他再次受到鼓舞，尝试将金字塔投入市场。他来到中国香港和日本，找到了几家对生产和销售他的金字塔感兴趣的公司。

乌韦·梅弗特

金字塔

Tetraminx

果不其然，金字塔在所有销售地区都激起了人们的热情，它的需求量立时变得势不可当。不久，更高品质的金字塔被香港和日本的厂商生产了出来。梅弗特于1981年获得了它的专利，他宣称他们3年内卖出了9000万个金字塔。金字塔全部的可能状态数为933120，最多只需11步就可还原（如果忽略掉每个角上那个无关紧要的块的话）。中国台湾和俄罗斯的厂商生产了去掉这个角块的梅弗特魔方。1982年，梅弗特出版了一份包括14种新魔方的目录，但是其中大部分设计从未投入生产。

托尼·图拉姆发明了另一种魔方Skewb。它最初由梅弗特公司生产，被称为“立方体金字塔”。但是道格拉斯·霍夫斯塔德在1982年《科学美国人》中采用了Skewb这个名字，从那以后这个名字就成了该魔方的正式名称。尽管金字塔和Skewb的内部结构不尽相同，他们却都是4轴结构的魔方（鲁比克魔方属于6轴结构）。金字塔的中心是一个球体，Skewb的中心则是个“四脚蜘蛛”。Skewb的6个矩形中心块就相当于金字塔的6个棱块。

Skewb的结构乍一看很能迷惑人，更惹人注目的是，它转动时6个面都同时发生着变化。Skewb全部的可能状态数为3149280，最多只需11步就可还原。

Skewb

钻石Skewb

终极Skewb

金蛋

米老鼠球形Skewb

Mach魔球

五魔

还有其他一些Skewb结构的魔方，包括终极Skewb、钻石Skewb、米老鼠球形Skewb以及金蛋，这些魔方全是由梅弗特公司生产的，一家匈牙利公司则生产出了Mach魔球。

五魔及其变种

五魔是由很多人几乎在同一时间发明出来的。在鲁比克魔方上市不久五魔就出现了。它是一个正十二面体，有12个可以转动的面和20个角。正十二面体也许比3阶魔方看上去难很多，但是其实它们的角块却是很相似的，还原的难点也相同。因此在鲁比克魔方率先出现之后五魔就不那么让人眼前一亮了。有好几种五魔的设计都获得了专利，其中一些投入了生产。最常见的是乌韦·梅弗特生产的五魔，他从科斯特恩·梅尔和本·哈伯恩手中买来了专利。五魔的其他几位发明人包括克里斯托夫·班德罗、赫马特·柯拜克和斯里夫卡·法恩克，法恩克的专利属于匈牙利的Supernova公司，另一个版本的五魔由日本的Tomy玩具公司生产，此外中国也生产了另一个版本的五魔，马来西亚则生产了3种。有些版本的五魔表面只有6种颜色，一共有6.1×10^{63}种可能的状态，12色版本的五魔则有1×10^{68}种可能的状态。

另一个由此衍生出的五魔的形象被列在梅弗特1982年的出版的目录中，叫做水晶魔方。最近，又有两个各自独立的发明人——冈本胜彦和阿尔·拉奇林——生产了两种不同版本的变种，分别叫做Mega Crystal和Aleh's Brilic。由于这些手工制作版本的成功，乌韦·梅弗特在2008年决定开始生产这种魔方。

亚当·亚历山大发明了一种大十二面体形状的魔方，叫做亚历山大星，并于1985年获得了专利。有两种版本的亚历山大星投入了市场，一种是贴纸版，另一种则是喷漆版。亚历山大星的最初设计是12个星上一共贴6种颜色，它有7.2×10^{34}种可能的状态。这种魔方的还原难度非常大，魔方表面那些星转起来也不够光滑。

水晶魔方

亚历山大星

一解难球（可遇不可球）

把正十二面体再扩展一倍的理想形状是正二十面体，它有20个面和12个角。由匈牙利的卓尔谭和罗伯特·维克奇于1998年申请专利，并由他们自己的公司Vecso生产销售的Dogic Puzzle，是一种20轴魔方。它有12种不同的颜色，每个角一种颜色，共有2.2×10^{82}种不同的状态。遗憾的是，该魔方在模具损坏前只有极少量产品生产了出来。由于这一原因，也由于这种魔方独一无二的特性，使它变得很稀有和昂贵。停产后，它在易趣网上的价格被炒到500美元一个。梅弗特看到了它可能带来的巨大利润，于2004年得到了它的模具，并于2005年重新开始生产。梅弗特也生产出了2色、5色和10色这三种版本的这种魔方。

Dogic Puzzle

一解难球

一解难球也被称为“可遇不可球”。由威廉·古斯塔夫森于1984年发明。就像五魔那样也是12轴魔方，但是它的外观却是球形。它在20世纪80年代初由米尔顿·布拉德利公司生产。一解难球是一种球状二十面体。为了让它的块可以移动，它的20个正三角形块都装在用软橡胶制成的轴上，使得这个魔方的块都有一定的韧性。转动这种魔方并不简单。在它发明几年后，梅弗特公司生产出了6色和12色的版本。一解难球的一个独特之处是它的三角形块可以很容易单独地取下来。用这种方法也可以将它改造成一种立体球面结构的滑块玩具。

托马斯球也有12个轴，每个轴连接一个黑色正五边形，每个正五边形周围又有5个正六边形（说白了就是足球形状）。托马斯球在2003年由布拉泽克和简多拉发明并申请了专利，由捷克的Brainy Toys公司生产。最先生产出的这种魔方根据表面图案的不同可分为6个版本。

托马斯球

巨型球

Logi-Vip球

对于12色的一解难球和托马斯球，全部可能的状态数为2.4×10^{25}。

巨型球

巨型球由匈牙利工程师和律师吉萨于1989年发明并申请了专利。它是另一种被大批量生产的魔方。这种魔方有4层，每层都被分成8个小段。

这种魔方并没有使用贴纸，而是在表面刷上图案或颜色。在巨型球的官方网站上，共列出了6个不同的版本。还有另外几种版本也已经生产了出来。如果它所有的段都用不同颜色或图案，那么总状态数将达到2.7×10^{25}。

巨型球的一个相关版本是Logi-Vip球，由Arxon公司生产。Logi-Vip球同样有4层和8段，但它一次只能沿一个切面转动。8个段中每段都有4个颜色相同但形状不同的层，这样使得这种魔方的每个小块都不相同，也使得它非常吸引人。这种魔方是由休伯特·派特斯尼克于1981年发明并申请专利的。

Square-1

当科伯斯基和赫塞尔设计Square-1这一概念时，他们想到了许多种不同的形状，最终确定的是“恢复正方形”这个概念。他们于1993年获得了该魔方的专利。当Square-1被打乱时，其形状会变得很花哨，因此这种魔方在还原其颜色前必须先还原形状。它一共有18个块，其中8块有一个30°的角指向中心，另8块有一个60°的角指向中心。中间层则是由螺丝连接在一起的两个块构成，因此在转动这两个块时整个魔方也随之被分成了两半。许多厂商生产了这种魔方并给它起了不同的名字，例如Cube21和Super Cubix。

另一个与此概念相同，其实比它发明还要早的魔方是Olidjus魔方。它的上下两层各有8个块，中层也只有两个块。这两个块的外面分别又覆盖有9个小块。因此，这种魔方的切面必须由其两边的小圆环来决定。这种魔方由俄罗斯的Dimitriew、Jurin和Stulnikow设计和生产。

Square-1

Olidjus魔方

机灵的Alex

Kep Korong

鲁比克奶酪

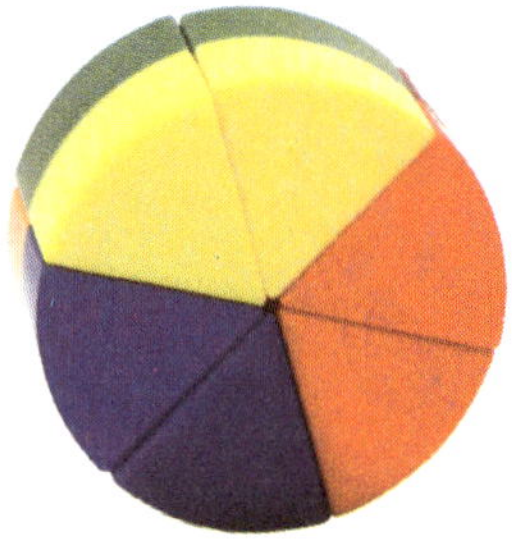

Octo Ring

Sando Ring

Puck魔方

脑球

Gerdig UFO

Puck、鲁比克的UFO及其他

另一种围绕一个固定轴转动的魔方是Puck。由吉萨、乌多罗和卓尔谭于1991年申请了专利。这种魔方呈圆盘状，外圈有12个小块，而内圈只有2个小块。通过旋转内圈便能改变它的切面。这种魔方已经生产出的种类因其外观设计的不同而数不胜数。另一种类似的魔方外圈只有6个小块，叫做Kep Korong。这种魔方的外观同样被设计成了各种猫猫狗狗的形象，甚至还有ET形象。

Puck魔方很像另一种就叫做“鲁比克奶酪”的魔方。这种只在匈牙利生产过的魔方非常稀有。如果不考虑每个块上下的不同颜色，这种魔方实际上只有1层，也就是可以随机转动的6个块。其他类似的魔方包括安德拉斯设计的脑球，吉哈德设计的Gerdig UFO，都尼特鲁设计的机灵的Alex，以及Sando Ring和Octo Ring等。

Dino魔方

Dino魔方是一种八轴结构的魔方，转起来很特别。它的每3个块共有1个顶点，以这个顶点为中心可以将这3个块做每次120° 的转动。由于这种魔方一共只有12个块，且每次转动只影响3个块，导致它非常容易还原。与鲁比克魔方不同，这种魔方甚至不存在色向问题，只要块的位置正确色向一定也是正确的。Dino魔方最早由澳大利亚的罗伯特·韦伯和新西兰的史蒂芬·哈维各自独立发明并制成实物。1995年，这种魔方的另一个独立发明人S·Y·里奥对它进行了批量生产。

Dino魔方

Dino星

展开后的魔花

麻吉乐

和上面提到的魔方具有相同的八轴结构的魔方还有很多，不过它们的外观看上去更复杂些。

我们先来看看一种叫Dino星的魔方。它具有星状八面体结构，并且八个正四面体尖角都是可以转动的，每次转动一个尖角时它周围的3个尖角也会跟着转动。第二种魔方叫魔花，和前一种的基本解法是相同的。它由查尔斯·霍伯曼和马修·戴维斯于2005年5月12日获得了专利。最后一种叫麻吉乐、Jackpot或者Platypus魔方，由尤素福·塞伊汉发明，并制成了几种不同的版本。

空心魔方

厄尔诺·鲁比克发明的魔方以及它神奇的内部结构给了世界一个惊喜。它由一个六脚蜘蛛状中心轴以及两种不同的块所组成（8个角块和12个棱块）。这种设计能保证所有的块互相咬合在一起。

同样让人惊讶的是，冈本胜彦成功地发明了一种不需要中心轴的3阶魔方！他的发明被称为空心魔方。他使用20个可移动块和6个中空的轴来代替鲁比克的中心轴。它使用一种特别的轨道结构来让块转动。空心魔方在2007年澳大利亚举行的国际智力玩具大会上获得了评审团大奖。日本于2008年开始生产这种魔方。

彩虹魔方

空心魔方

Siamese魔方

菲舍尔3×3×4长方体魔方

3×3×5 长方体魔方

2×2×6 长方体魔方

手工魔方——DIY魔方

至少已经有50位设计师设计出了数百个不同种类的手工魔方。其中包括一些最新的设计作品。这里只能列出这些手工魔方中的一小部分，其中包括在这一不断发展的领域中公认的顶尖设计师的作品。

1981年12月，也就是接近魔方热潮顶峰的时候，托尼·菲舍尔将两个鲁比克魔方各自的一条边改装到了一起，制作成了他的Siamese魔方。这也许就是第一个手工改造的魔方了。生活在英国的菲舍尔自此成为了设计和制作手工魔方的先锋，因为“等待一种新魔方产生对他来说就是煎熬”。从1981年开始，菲舍尔以不同的结构为基础设计和制作出了约100种魔方。

改装魔方不仅需要设计和制作技巧，更需要想象力。魔方一般都有数量不等的层和两个以上的轴——特别是长方体魔方，要让它的功能得以实现非得拥有一些复杂的技巧不可。其中一种技巧是转换切面。它由菲舍尔在1995年发明，起先用于他的3x3x4长方体魔方上，随后也应用在他的2x3x4、3x3x5以及4x4x5长方体魔方上。另一种技术最初由吉尔特·希林斯开发出来，他在普通4阶魔方中心块的基础上增加了新的可转动层，制成了外形匀称的2x2x4和2x2x6魔方。这种技术后来被菲舍尔发展并应用到功能齐全且外形匀称的2x2x6、2x2x7以及4x4x6长方体魔方上。

菲舍尔最漂亮的改装魔方之一——也是大多数人心目中他的最佳设计——最初被称为千年魔方。但是设计和制作这个魔方却花费了太多的时间，导致它并未在千年交替时完成。当这种魔方最终完成时，他给它起名叫金魔。虽然它是由一个Skewb魔方改装而成的，但是看上去金魔极难被还原。这种魔方也是第一种表面只有一种颜色而只需要还原者还原其形状的魔方。不仅如此，它漂亮的外形，以及单色的设计，都使得金魔成为了现有魔方中最为迷人的设计之一。

金魔

打乱后的金魔

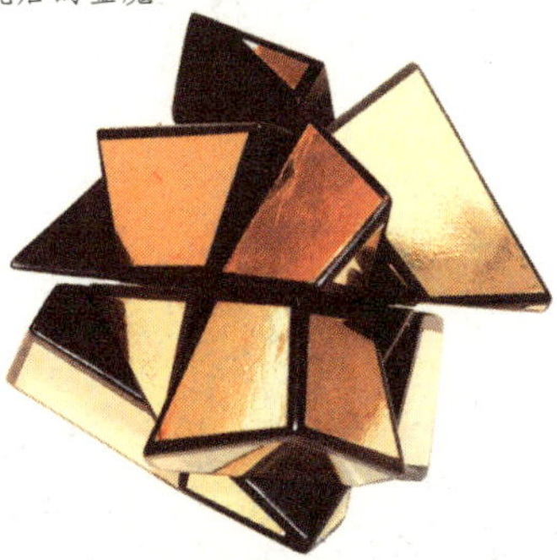

可重叠魔方

菲舍尔的另一个革命性设计是可重叠魔方。在这个设计中，菲舍尔用东贤公司生产的4阶魔方作为理想的材料。菲舍尔将这种魔方隐藏在内部的一些部分延长，使得整个魔方变得更加复杂。中空的棱块使得与它相邻的面块可以从它下面钻过去，从而做成了这种“可重叠”的魔方。

最后，是他2007年发明的Hexaminx魔方，它相当于是立方体形状的五魔。这需要经过一个复杂的转换过程，并发明出一些新的结构技术，包括用聚氨酯制成的新块。菲舍尔相信这一技术是制作“更新更复杂魔方的基石”。

简·克劳德·康斯坦汀是一位制作过各种构造魔方的资深设计师。20多年前，他在德国建立了自己的魔方企业，经营得很成功。他从1988年开始改造魔方。到了1995年，他已经设计出了约100种魔方。在他的这些设计中，他最喜欢的，也是卖得最好的一款是蘑菇魔方。康斯坦汀着迷于观察已有的魔方到底都能被改造成什么形状。他制作了一些连体魔方和扩展魔方，特别是用木头作为材料。他制作的魔方外形同时受到了大人和孩子的喜爱。

蘑菇魔方

Hexaminx

简·克劳德·康斯坦汀制作的魔方

位于右下角的菲舍尔魔方由托尼·菲舍尔率先制作出来

巨型八面体魔方

Brilicube

粽子魔方

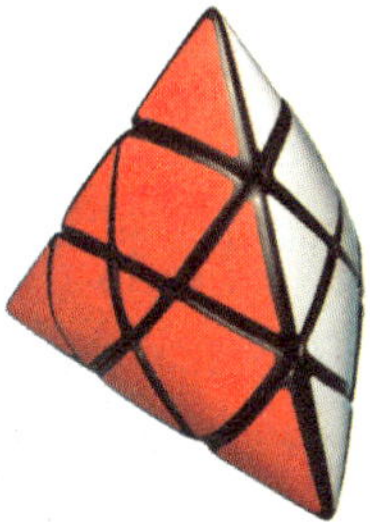

Pyracue

阿尔·拉奇林是另一位早期的设计师和制作巧匠。他于1989年制作出了自己的第一个魔方——全功能3x3x5长方体魔方，那是在他从白俄罗斯移民到美国之前。在他设计出的13款魔方中，他最引以为豪的是炫目的巨型八面体魔方、Brilicube和粽子魔方。

他的Brilicube看上去像是一个六面一样的Square-1。其实它是将3阶魔方的6个中心块隐藏后的结果。它的切面看上去根本没法转，但其实却完全可以转动，因为有些块是中空的。拉奇林也许是第一个将3阶魔方改造成流线型、外表鼓起的正四面体的人。他将其称为粽子魔方。另外，他还制作出了水晶魔方的一个早期版本，现在也已经投入生产。

日本的冈本胜彦从2001年开始设计和制作魔方。他制作的第一个魔方是被他称为Slimtower的2x2x3长方体魔方。从那以后，他一共制作出了31款魔方。他说自己的目标是让自己的设计“一看上去是根本不可能的”。他在许多场合已经达成了这一愿望，特别是他的空心魔方、斜切魔方以及单层魔方。他的看上去不可行的空心魔方是中空而没有中心轴的。它现在在日本已经投入生产了，我们在61页曾提到过它。斜切魔方看上去是将2阶魔方的角块增加了一个切面，使得切下来的四面体也能够旋转。冈本为这个设计发明出了一种新的结构。这种魔方的构造和另外一种独立发明的直升机魔方其实是一样的，我们将在后面讲到它。他的令人难以置信的单层魔方，也就是1x3x3长方体魔方，看上去同样是无法转动的，但其实却没有任何问题。他同样发明出了自己的水晶魔方，如今也已经投入生产。另外，他还设计出一种新版本的Pyracue，这种魔方是由石野最先设计出来的。

空心魔方

单层魔方

斜切魔方

阶梯魔方

崎岖（镜面）魔方

一对多米诺恶作剧

另一位知名的日本魔方设计师和制造者是高木英寿。他的第一个设计是阶梯魔方，它是由3阶魔方改装而来。从那以后他又设计出了11种新型魔方。他最出名的作品是崎岖魔方，也就是现在已经投放市场的镜面魔方。这种魔方是将一个3阶魔方的块改造成不同大小而得到的。当转动这一魔方时，它会演变出各种奇异的形状。他说他喜欢这种魔方的一个原因是：“当它被打乱时，外形就像曼哈顿的摩天大厦一样。”他的多米诺恶作剧是一对运用2x3x3结构制成的魔方，虽然从上面看上去它们是一样的，但从下面往上看则是相互成镜像的。这也使得这两种魔方的转动方式有所不同。

高木英寿是个很有幽默感的人。当被问到在设计和制作魔方时最快乐的事是什么，他回答：“有时候我会想象一个这样的场景：一个花花公子坐在壁炉前的椅子上把玩我设计的魔方。一边喝着白兰地，一边听着古典音乐，一边情绪高涨地玩着魔方。”他还补充道：“可惜我生活在日本，那里是没有壁炉的。”

英国魔方发明家安东尼·格林希尔说他在2002年“稀里糊涂地混进了魔方设计圈子”。他很晚才发现魔方收藏中的一个严重问题：很多早期生产的改装魔方早已经买不到了，例如Cuboctahedron和Rhombic十二面体等，因此他最终决定自己动手制作这些魔方来丰富自己的藏品。不久他开始大胆地以3阶和Skewb结构为原型制作十二面体、Icosahedron以及Tetrahedron等种类的魔方。他喜欢先去理解一个已经生产过的魔方，例如Square-1，然后将它改造成十二面体。事实上这也是他的第一个作品，他称其为格林希尔十二面体。

他的第二个原创作品是格林希尔5层 Square-1，这个设计很有挑战性。经过了许多次摸索和试验，他成功地用Square-1的内核做出了这个魔方。格林希尔四面体魔方同样用了Square-1的结构，但是其内部设计要更难一些。这个魔方在被打乱的过程中外形会变得很奇特，以至于很多人在尝试还原它的时候面对的第一个问题都是：“我该从哪里开始呢？”

格林希尔十二面体

格林希尔5层Square-1

格林希尔魔方

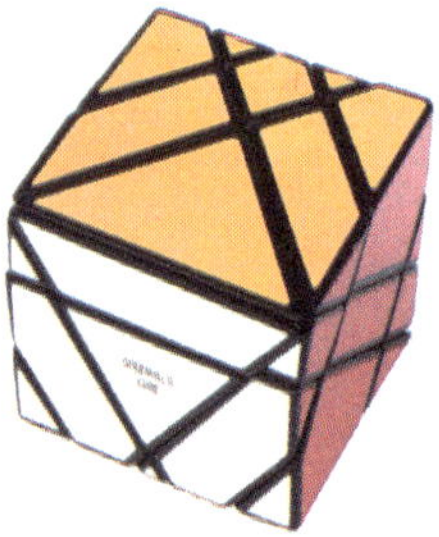

格林希尔1号

格林希尔四面体魔方

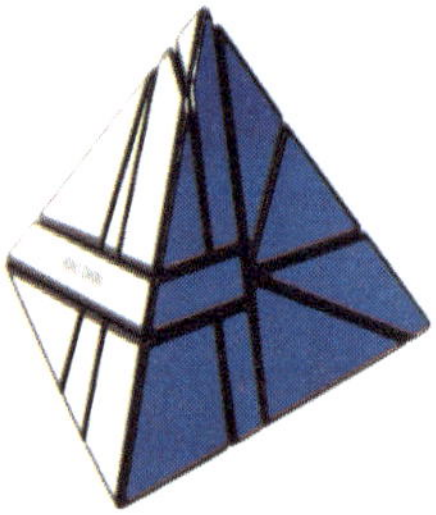

安东尼总是尝试着去制作一些原创性魔方。格林希尔魔方是由一个一角着地的钻石3阶魔方为基础改造成的立方体魔方。为了创造格林希尔1号，他决定让魔方的内核结构“回到Square-1”。这也是他最喜欢的一个原创魔方，因为它“一眼看上去根本看不出来是怎么转动的，而且它看起来显得简洁而宁静”。

Tuttminx

空心五魔

五棱柱魔方

塔特的Icosaminx

梅弗特目录志中的五棱柱魔方

美国人李·塔特在2005年闯入了魔方设计领域，他的第一个作品是一个切削过的Icosahedron Buckyball形状的魔方，名字叫Tuttminx。他在自己的计算机上设计出了这个魔方，并发现用来精加工宝石的立体石板印刷技术可以很好地用在制作魔方零件上。塔特设计并亲手制作了这个魔方的32轴蜘蛛状内核，它的外面则要固定上182个外部零件。从那以后，他设计了7款原创魔方，并改装了4款其他人设计的魔方。他的最佳原创设计之一是五棱柱魔方，该魔方的概念曾经在梅弗特1982年出版的目录志中出现过，但从未被真正制作出来。

塔特认为自己最漂亮的设计是Icosaminx，他应用了雷恩·汤普森的一个概念，并在其外部增加了可以转动的尖角，以使其成为一个二十面体。他最复杂，也是最引以为豪的一个设计是看上去不可思议的空心五魔。他是在受到了冈本胜彦的空心魔方的启发下才决定设计这款像空心魔方一样中空而无轴的五魔的。空心五魔的基本构造只有3个互相咬合在一起的主要零件。它非常难于调校，因此这些零件组装时必须装得非常精确。这个外表华丽的魔方成了塔特在魔方设计领域无穷的创造力和巧夺天工的制作能力的最佳展示。

直升机魔方

超级X

3×3×5长方体魔方

3阶魔蛋

另一位美国人亚当·科万也是从2005年开始设计他第一个魔方的。这个魔方后来成为了他的直升机魔方。这个魔方甚至比他自己设想的还要有趣，因为它被打乱时不仅能做180°转动，而且还可以做不完全转动。这种复杂的特性极大地提升了这个魔方的难度。他设计的另一个魔方“超级X”，是他从另一个已申请专利的设计中找到的灵感。他惊诧于那个魔方将2阶和Dino魔方的转动方式结合在了一起。当他只用了1个小时就做出了自己的3x3x5长方体魔方后，他觉得这个魔方看上去就像是个怪物，但是当他尝试还原这个魔方时却发现它要比自己设想的还要好玩。他的3阶魔蛋是将3阶魔方的轴改成长对角线状后得到的。他称该魔方为“一个只需复形的有趣魔方，而且它光滑的流线型外观能让你拿着它的时候感觉很好”。在受到菲舍尔的金魔启发后，科万最近以“将3阶魔方改得越复杂越好，而且只能有一种解法”为目的设计了一款新魔方鬼魔。它的构造有很奇怪的尖角，而且不同的层之间还相互错位，也是只需要复形即可，不需要复原颜色。当被问起在设计和制作魔方时的最大快乐是什么，科万写道：“最美妙的时刻是当我第一次拿起一个我设计的魔方时，我可以观察和触碰到那个曾经只存在于我脑海中的灵感了。”

还原的鬼魔

打乱的鬼魔

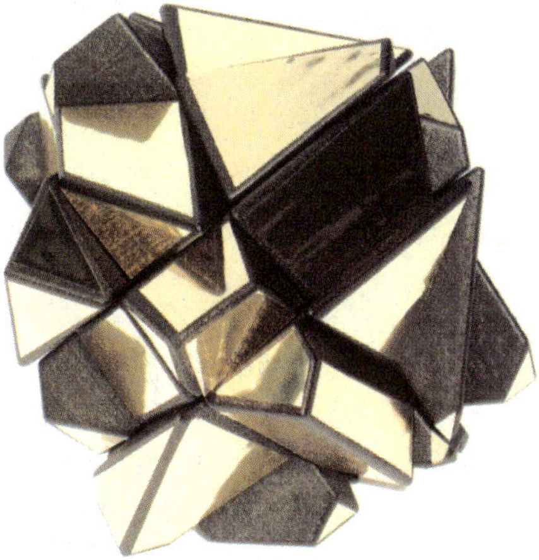

24-Cube

Rua

危魔

打乱后的危魔

生活在新西兰的马特·夏皮特从2006年开始设计魔方。他的第一个设计是将一个UFO魔方改造成十二面体。但是他发现自己并不是第一个设计和制造出这种魔方的人。从那以后，他已经设计出了超过50款魔方。他制作出了其中的13款，还有3款正在制作当中。他最引以为傲的魔方是它的24-Cube，它也被称为Little Chop。同Dino魔方不同，24-Cube可以沿着任何切面转动并将整个魔方分成两部分。这个魔方的概念，用他的话说，是“相当显而易见的”。虽然从20世纪80年代中期开始就有很多人尝试制作这种魔方，但他却是第一个设计出它的机械构造并且制作出一个功能齐全的模型的人。该魔方的复杂之处在于虽然它的外部只有24块可见零件，其实全部的零件数量却是209块。他的其他原创魔方包括Rua、危魔以及奶酪块魔方。Rua在毛利语中是2的意思，夏皮特选择这个名字是因为这个魔方的每个面看上去都像是2x2的。这个魔方是每个面都是菱形的十二面体。危魔这个名字是因为在制作该魔方时发生了一个意外。它以Square-1为基础，但是其形状却是个鼓起来的正四面体。奶酪块魔方这个名字则来源于它和鲁比克奶酪看上去很像，而且是切成块的奶酪。它的概念很简单，但做起来却很复杂：将Square-1的结构和2阶的结构结合在一起。夏皮特对这个设计很满意，而且该魔方也是他最受认可的一款设计。

奶酪块魔方

巨型四面体魔方

5阶五魔

7阶五魔

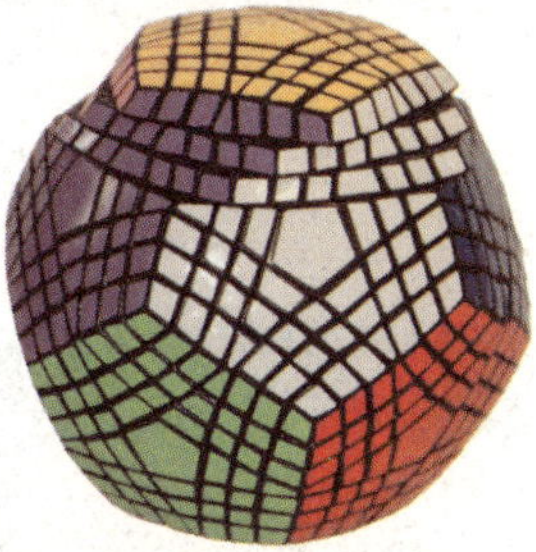

如果考虑到安德鲁·考米尔仅仅是从2008年1月才开始设计魔方的，那么他的成就已经可以算是相当惊人了。他已经设计并制作出了6款原创性魔方。在他制作自己的前两款魔方——巨型四面体魔方和Elite Tetrahedron时，他仍然在尝试不同的印刷和铸型方法，结果却使它们太松散而不令人满意。之后，他又重新设计了这两款魔方，新的设计非常成功，不松也不紧。他最喜欢的魔方之一是5阶五魔，也就是每个面都有两层可以转的五魔。第一个功能齐全的5阶五魔由泰勒·福克斯设计制造，在它被展示出来之后，又有几种改进版5阶五魔由福克斯和其他设计者设计和制造了出来。

考米尔最喜欢的一个设计是7阶五魔，这种每个面有3层可转的五魔相当令人震撼。当他完成这个设计的时候写道，“这种魔方让我的脸上出现了笑容。”毫无疑问，由于这种魔方表面有542个块，其全部可能的状态数高达1.2×10^{573}。

7阶五魔是这一章中所有提到的手工魔方中最为复杂的一个，以它来为这一章所介绍的上百个新颖的魔方以及几十位魔方设计者压轴，也是再好不过的了。

以上介绍的这些魔方设计者和他们的作品仅仅是浩如烟海的同类作品中的一小部分。CAD技术与3D打印技术的发展极大地促进了更新更复杂的设计的产生。尽管许多魔方设计者和制作者仍然在从机械结构的角度改进他们的魔方，电脑工具已经使全新的魔方设计成为了可能。

在20世纪80年代，改装魔方曾经盛行一时，但是到了20世纪90年代则偃旗息鼓了。然而，过去4年中，参与魔方设计和改装的人数激增。这一热潮复兴的一大原因是专业的魔方论坛twistypuzzles.com/forum，这个论坛由韦尼·约翰逊创立，旨在为设计者们提供迅捷的交流渠道。来自全世界的信息，包括最新的设计和完整的模型，都是刺激其他人继续努力的动力。

第四章

如何还原各种魔方

撰文/黄炜华，迪特尔·杰哈德

引 言

这一章要介绍各种普通魔方的解法。我们将从最常见的3阶开始，然后再扩展到其他种类，从2阶一直到7阶。

我们将详细讲解3阶魔方的解法，并配以详细的步骤。*我们的解法教程能让完全没有还原过魔方的人（也许就是你）轻松搞定。不仅如此，这个解法还会为你提供重要的关于术语、符号和还原公式的基本介绍，这些都可以应用在更大、更复杂的魔方上。

当学习复原3阶魔方时，你会学到一些在还原所有魔方时都用得上的公式。这些公式将在3阶魔方教程中详细列出，但在高阶魔方教程中则会给出较少的示意图，更频繁地引用前面讲过的内容。与很多在书店中买到的解法书不同，我们提供的是一种通用的，可以应用在各种魔方上的解法。每一个魔方都由较小的单独的“块”组成（严格来讲一个魔方并不是一个立方体，而是一块由塑料构成的看上去像是立方体的东西）。魔方越大，“块”的数量越多，下页上部的表格列出了每种魔方中能够移动的块数。显然，想还原魔方就必须将这些块的方向和位置都还原。

* 带星号的注释会提供还原魔方方法之外一些有趣的东西，它们对整个还原过程来说不是必须的，但会让你更容易理解相关内容。

魔方种类	可移动块数
2×2×2	8
3×3×3	20
4×4×4	56
5×5×5	92
6×6×6	152
7×7×7	212

* 对于奇数阶魔方来说，左边的统计中并未包括每个面的中心块，因为它们彼此之间的相对位置是不可改变的。但是，如果魔方中心块的表面是带图案的，那么这些图案则是可以旋转的。我们将在后面的部分讲解如何处理这种魔方。

术语解释

六个面

下面这些内容对理解和还原魔方相当重要，它们会在整个教程中反复使用，所以，在开始学习教程前有必要先熟悉它们。

魔方：魔方由一些可以转动的“层”组成。每一层又分为许多“块”。魔方可以是2阶、3阶、4阶或更高阶。

块：构成魔方外表的最小单位。每个“角块”、“棱块”和“面块”表面分别有3块、2块和1块不同颜色的贴纸。例如，3阶魔方有26个块（8个角块、12个棱块和6个面块）。

面：每个魔方有6个面。我们把这6个面分别称为顶面（U）、底面（D）、前面（F）、背面（B）、左面（L）和右面（R）。当魔方被还原时，6个面的表面都应当是相同的颜色（或一幅图案）。

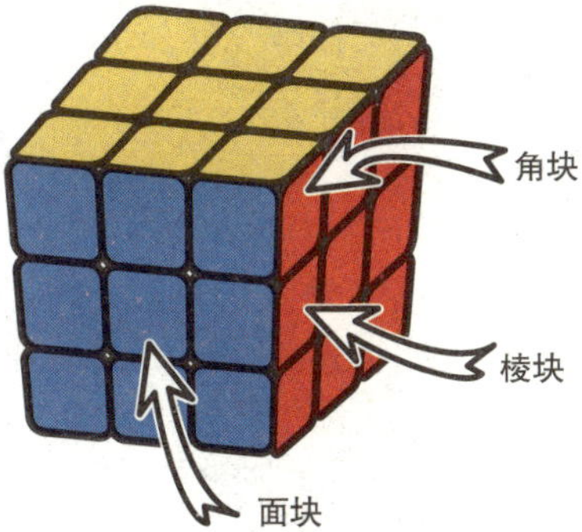

三种基本块。

“B”指代英文中的Back（背面）而不是Bottom（底面），注意别弄错了。

（问号后面的内容是用来解释一些容易混淆和搞错的内容，你最好读一下，特别是当你确实处于混淆状态的时候）

此页中所有讲解到的块都用黄色标出。

面块： 位于魔方表面的块，每个面块只有一种颜色。3阶魔方每面只有一个面块，它们同时也是各面的中心块。

5阶魔方的面块

中心块： 位于每个面中心的块。只有奇数阶魔方拥有中心块。由于中心块的位置永远不会改变，因此，通过它们可以在魔方被完全打乱的情况下确定每个面应有的颜色。

5阶魔方的中心块

角块： 位于魔方角上的块。所有种类的正方体魔方都拥有8个角块，每个角块都贴有3块不同颜色的贴纸。

3阶魔方的角块

棱块： 位于魔方棱上的块，每个棱块上有2块不同颜色的贴纸。3阶魔方有12个棱块，阶数越高的魔方棱块数量越多，2阶魔方则没有棱块。

4阶魔方的棱块

中棱块： 位于中间位置的棱块。3阶魔方的所有棱块都是中棱块，所以我们在描述3阶魔方时用不到这个概念。

5阶魔方的中棱块

侧棱块： 位于非中间位置的棱块。对于偶数阶魔方，例如4阶魔方来说，所有的棱块都是侧棱块。

5阶魔方的侧棱块

描述块和描述位置：位置就是块所处的方位，一般用块所在的面来表示，通常以某个块被还原后的位置作为基准。例如，“UF位置”（或UF棱），指的是顶面和前面的交界处位置，而“UF棱块”则指的是应当被还原到UF位置的那个棱块——即使它现在并不处在UF位置上！

UF棱块处在FR位置上。

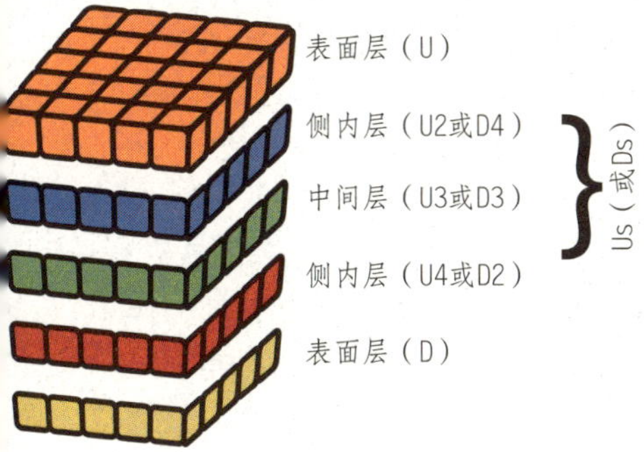

5阶上下分层示意图

层：魔方可以转动的最小单位。位于魔方表面的层通常也用那个面的符号来表示（例如“U层”），其他层则被称为“内层”。

内层：并不位于魔方表面的层。奇数阶魔方拥有一个“中间层”。我们用与其平行的外层表面来表示单个内层（例如“U2”），而当转动平行于某一面的所有内层时，则用表示该面的符号加上一个小写的s来表示（例如“Fs”）。

移动：旋转一层（或者高阶魔方的几个相邻层）。有时候也使用其宽泛的意义（例如：我们的下一个目标是将DR棱块移动到UF位置上）。

转：一些玩家用这个概念指代将两个相邻层彼此转动90°（转动180°被认为是转动了两步，而将内层单独转动90°也被认为是转动了两步）。我们这里并不使用这种定义，而将它泛指为转动魔方（例如“将U层顺时针转”），有时候也用来指代整体翻动魔方（例如“将魔方上下翻转，使得原来的UFR角块移动到DFL位置上”）。

* 有些教程对字母的排布顺序很有讲究。这主要是为了表示块的方向(见下页)。例如，“UFR位置”和“FRU位置”指的是位于同一个位置但是方向不同的块。我们这里不做这种细致的区分。

一个90°的内层旋转可以被认为是“转”了两下。

3.6中的公式K_1，*稍后你会遇到。

公式K_1的目的是将UF棱块翻转，同时使Rs中间层上的其他块保持不动。

公式： 为达到特定目的而做的一连串转动。大多数还原方法都是先寻找到魔方上的特定块，然后运用公式来恢复它们的正确位置和方向。大多数公式都只针对魔方的某一部分，而忽略其他一些部分的状况，这些被忽略的部分有可能在做完公式后变得更乱。在我们用示意图描述一个公式时，我们会把这些被忽略的部分用灰色来表示。

UFR角块处于正确的位置，但是方向不正确。

正确的位置： 当一个块处于正确的位置。例如，如果UFR角块（拥有U、F和R三个面颜色的那个角块）处于UFR位置上（U、F和R三个层相交的那个位置），我们就说该角块处于正确的位置。但是，一个块处于正确的位置，并不意味着它也一定处于“正确的方向”上。

UFR角块处于正确的方向，但是位置不正确。

正确的方向： 当一个块每个有颜色的面的朝向都处于该颜色应该在的面上（通常情况下，这个概念的预设条件是那个块已经在正确的位置上，否则就很容易造成混淆。但有时候这个概念也用来指块上的某一个面的方向是否正确，如左图），当魔方上所有块的位置和方向都正确的时候，魔方就被复原了。

旋转： 在保持角块位置不变的前提下改变角块各颜色的朝向。

旋转UFR角块的3种状态。

翻转： 在保持棱块位置不变的前提下改变棱块各颜色的朝向。

翻转UF棱块的两种状态。

侧棱块看起来似乎也可以翻转，但其实这是不可能的，详见119页4.3。

还原3阶魔方

如果你是直接阅读这一部分，那么最好先阅读前面的“术语”部分，以便顺利地理解下文。

这是我们通用的方法*

3.1 还原一层的四个角块

公式A

3.2 还原一层的四个棱块

公式E

3.3 还原剩余角块

公式A和C

3.4 还原对面层的棱块

公式G

3.5 还原余下棱块的位置

公式H

3.6 还原余下棱块的方向

公式K

*我们提供的方法很易于理解和记忆，但并不适合用来练习竞速。适用于竞速的还原方法需要使用大量经过优化的、步骤较短的公式。但是，这样的方法很难直观地看出每一个公式的作用。我们希望我们提供的方法能够帮助你更多地领会到“为什么这样做”，而不仅仅是“该怎样做”，这样你就可以掌握并长时间地记住如何还原魔方。如果你对竞速感兴趣，在你学会了我们的方法后，可以在各大魔方网站上找到其他更适合竞速的方法。

3.0

了解魔方

大多数玩家喜欢用左手拿魔方，用右手转动魔方。*因此，我们会在教程中更多地通过转动顶层（U）、前层（F）和右层（R）来还原魔方。我们采用的标准示意图就像右图那样，尽可能方便地让你看清U、F和R这三个面。

真实的魔方外表五颜六色，不同的厂商会用不同配色的贴纸，我们并不想让我们的示意图与你手中的魔方贴纸颜色相同，而排布方式却不同，这样会对你阅读本书造成困难。因此，我们在图示中采用了一些真实魔方中不常用到的颜色，而用灰色来表示在某一阶段无关紧要的那些块。

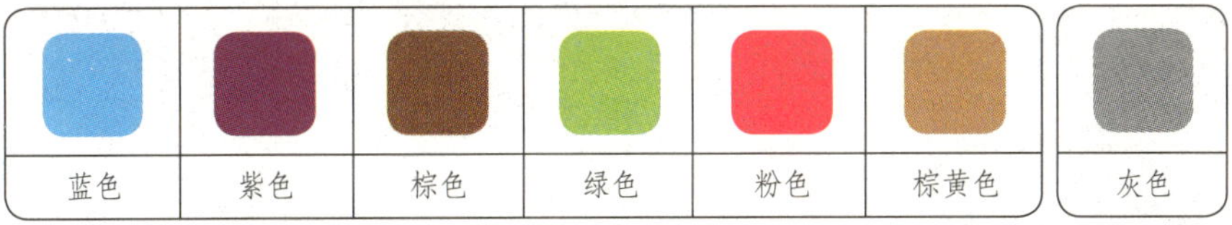

*有些左手玩家习惯用左手还原魔方。对这样的玩家来说，只要把图中的左面当做F，而把前面当做R就可以了。

在一些步骤中我们要涉及魔方的另外三个面——底面（D）、左面（L）和背面（B）。我们将在图示中用展开的方法将这些面展现出来，就像将一个盒子上的盖子掀起来一样。

你可以成组记忆6个面的符号。前面Front与背面Back，右面Right与左面Left，顶面Up与底面Down。千万注意B表示的是背面而不是底面（Bottom），为避免读者混淆，我们也将尽量避免转动背面。

转动U层和D层的符号*

U↺:顶层逆时针旋转90°。

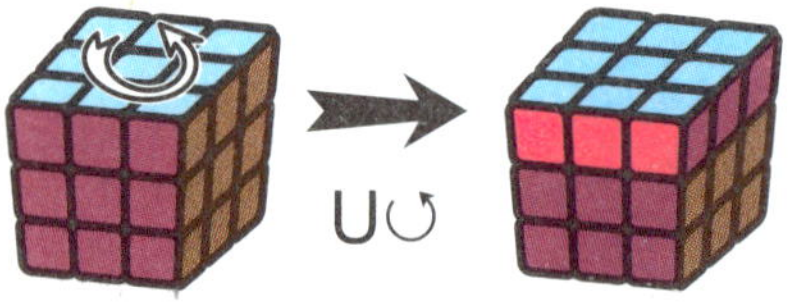

U↻:顶层顺时针旋转90°。

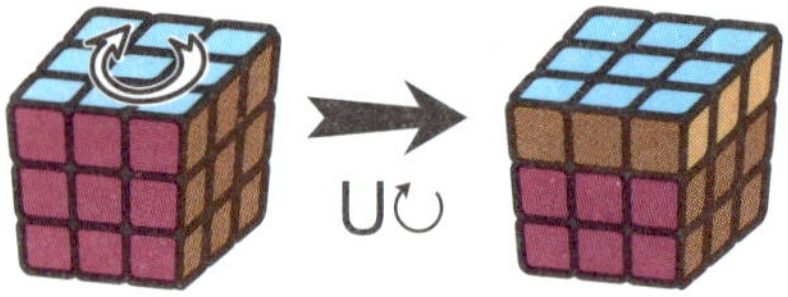

U↺↺:顶层旋转180°（无所谓顺逆时针），图中用黄色双箭头表示。

D→：*底层向右旋转90°（从下向上看是顺时针）。

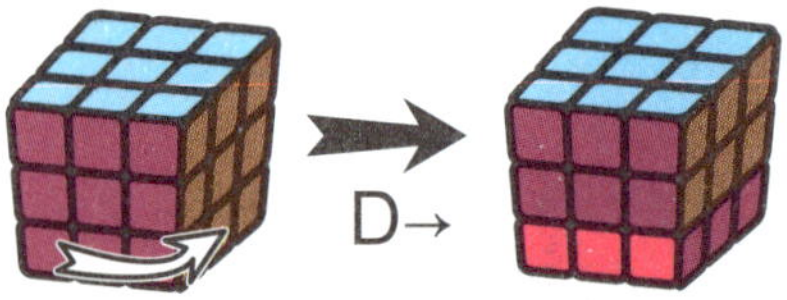

D←：底层向左旋转90°（逆时针）。

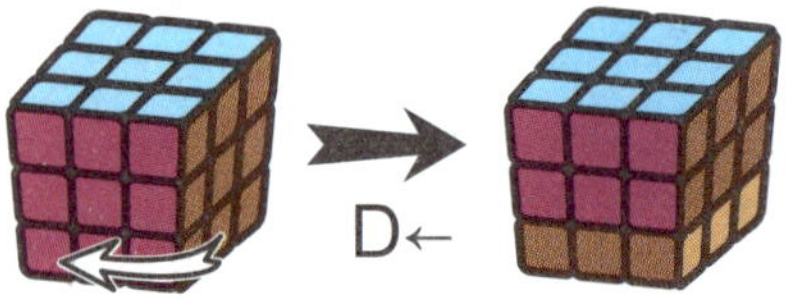

D→→：底层旋转180°（这与D←←是一样的）。

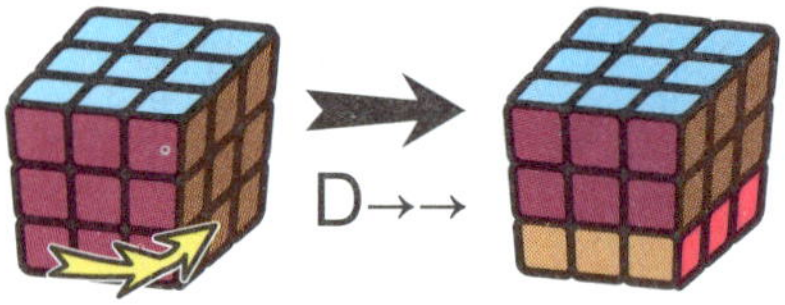

大多数资深玩家使用另一套符号系统（由本书作者之一大卫·辛格马斯特发明），用U来表示顺时针旋转，U’（或U^{-1}）表示逆时针旋转，用U^2表示旋转180°。我们决定使用现在这套符号系统，是因为这样可以避免你劳神翻来覆去地研究到底哪个方向是顺时针，而且避免你在遇到那些转动中层的情况时发生混淆。但是，在阅读其他魔方类书籍时请注意这两者的区别。本书的第106页和107页使用的是辛格马斯特的符号系统。

你也许会问，为什么我们不在U层和D层采用同样的箭头符号？这是因为很多人会将D层的顺逆时针搞反，因此，我们只在U层采用了一套特殊的符号。

转动R层和F层

R↑：右层向上转动90°（顺时针）。
R↓和R↑↑（无图），以此类推。

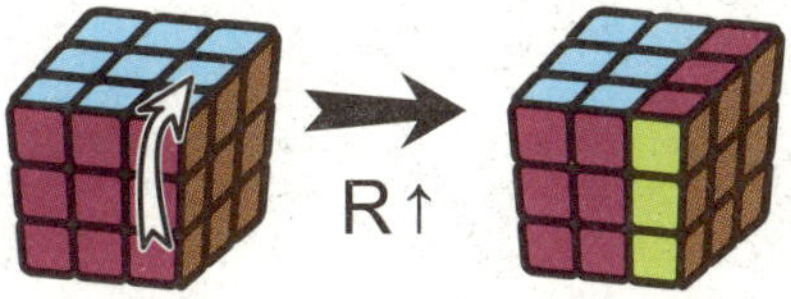

F↻：前层顺时针旋转90°。
F↺和F↻↻（无图），以此类推。

Us→：向右转动顶层和底层的中间一层90°。这个符号也可以用Ds来表示，这个中间层的标准称谓是“内层”。
Us←和Us→→(无图)，以此类推。

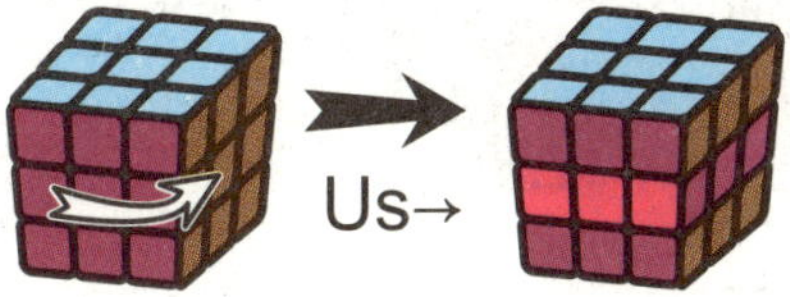

Rs↑：向上转动左层和右层的中间层90°。
Rs↓和Rs↑↑（无图），以此类推。

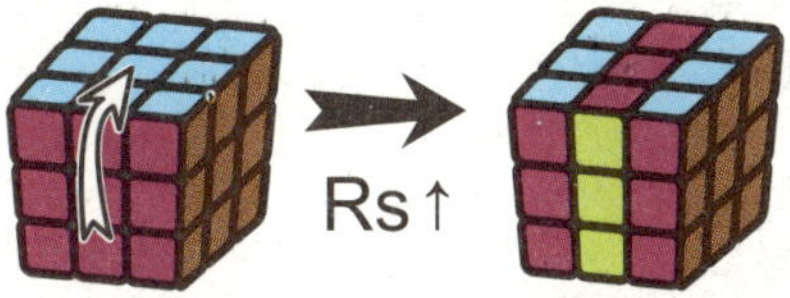

Fs↻：顺时针旋转前层和背层的中间层90°。
Fs↺和Fs↻↻（无图），以此类推。

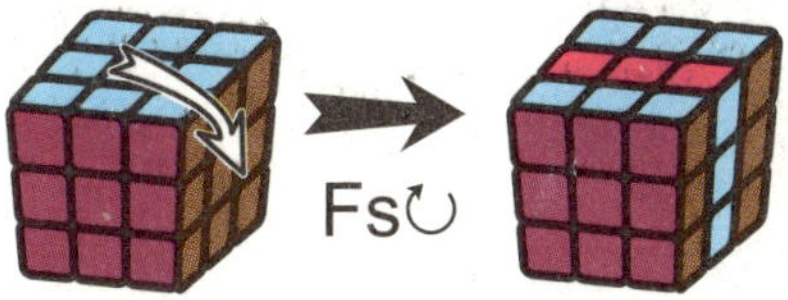

不太理解内（中）层转？有此疑惑的不止你一个。

中层转在魔方爱好者群体中一向不受重视，原因有二。竞速玩家们不喜欢它，是因为他们很难用一个手指快速地做这个动作，而理论玩家们则习惯于让中心块保持静止状态，以便用简单的方式描述魔方的转动过程，因此也不喜欢中层转。

但是，中层转却是新手理解魔方的捷径，一个很明显的原因就是，中层转不会影响到角块。由于3阶魔方只有8个角块和12个棱块，使用只影响到棱块的中层转就可以让初学者便于理解每一步的作用和其实现的方式。在你转而学习高阶魔方时，这一点尤为重要。

中层转的优点

中层转看上去很直观，但看上去直观的转动如果操作起来不简捷也是没用的。

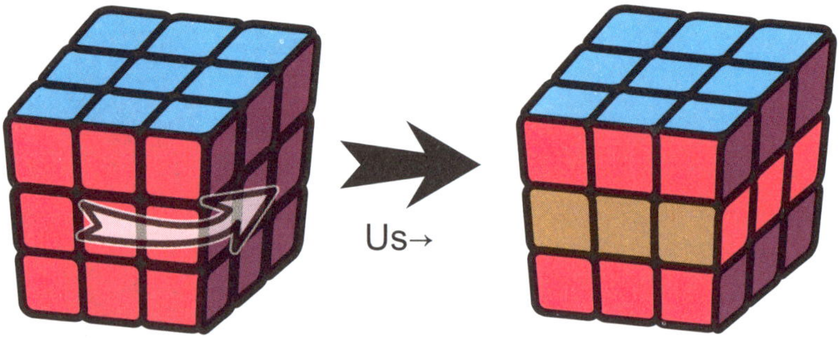

做Us→时，用左手固定住魔方的U层，用右手握住Us和D层。用右手大拇指放在两层之间，食指和中指则分别放在Us层和D层上。

同时将Us层和D层向右旋转90°。

不要放手，将你的右手大拇指下移一点，同时放开右手食指。

再用右手大拇指和中指向左转动D层（左手无名指可以下移一点来防止Us层跟着转动）。

这个分解成两部的动作就完成了Us→。反复练习本页和下页的动作直到运用熟练。

Us←与此类似，但是右手的起始位置要靠后一些，而在反向转动D时左手拇指下移一些来控制住Us层。

做Rs↑时可以用左手握住L层，右手向上转动R层和Rs层，然后向下转动R层时右手向外移一些（Rs↓的转动方式与此类似）。

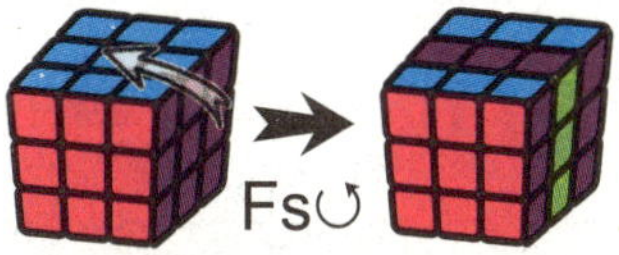

Fs↻操作的技巧性要高些。你可以用转动Us或Rs的方法，左手固定住一层，右手则来回转动。或者你可用如下方法：

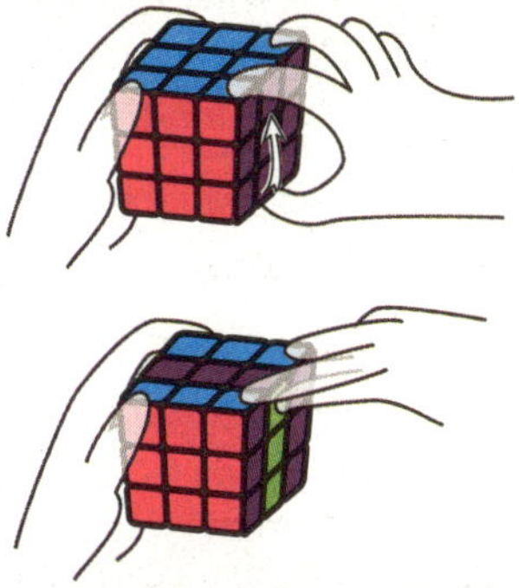

左手紧握L层，注意不要碰到Fs层。

右手五指分开，大拇指抵住DR棱块的下部，食指和中指抵住UFR和UBR角块的上部。

五指收拢，大拇指向上推。这样就可以一步完成Fs↻了。

在做Fs↻时则正好相反，大拇指放在UR块上，然后五指收拢。

3.1

还原一层的四个角块

3阶魔方的中心块可以用来确定每个面的颜色，还原的目的就是让每个面上的其他块都和中心块有相同的颜色，这样魔方就复原了。

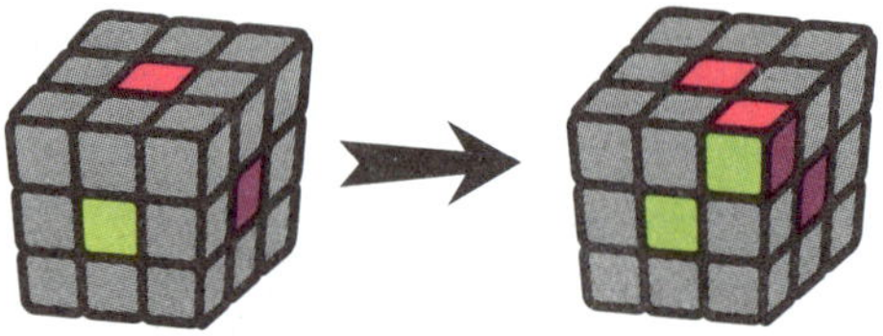

3.1.0

还原第一个角块

让我们开始第一个很简单的任务：还原第一个角块。你可以先自己尝试一下，这样可以让你对魔方的特性有所熟悉。

不错，真的，继续尝试！

现在，是到了用这种方式提醒你一下的时候了，就像这样，提醒你是时候停下来，回顾一下你已经学到的东西，再自我鼓励一下。

有很多途径可以实现这一步，但我们想教给你的是一个大多数人不常用的方法：移动中心块到指定角所在的平面上，而不是相反。

拿起你的魔方，看一下UFR角块，也就是顶面、前面和右面相交的那个角。现在，要还原的那个颜色在顶面上（在这个例子中，我们假设它为粉色），然后找到这个颜色的中心块。

两种方法中都包含了D面的情况，注意这不是打印错误，如果你这样认为的话。

如果该中心块在R、D或L面上，只要重复做Fs↺就可将它移到U层。

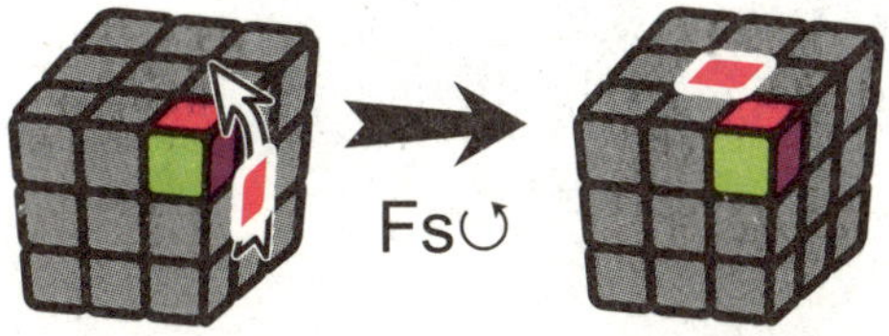

如果它在F、D或B面，重复做Rs↑。

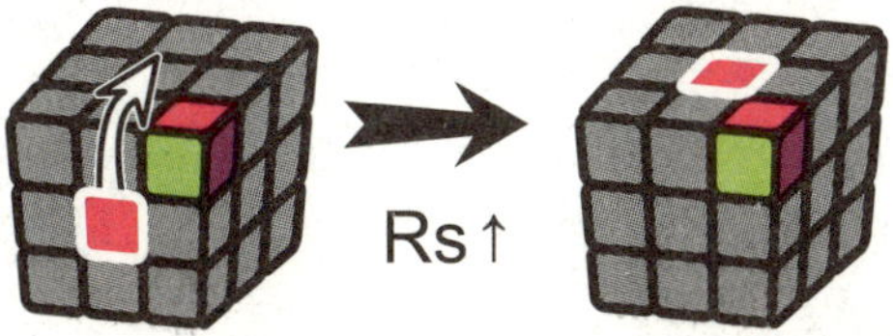

还原好该中心块后，重复做Us→直到F面和R面中心块也和UFR角块的颜色相一致。

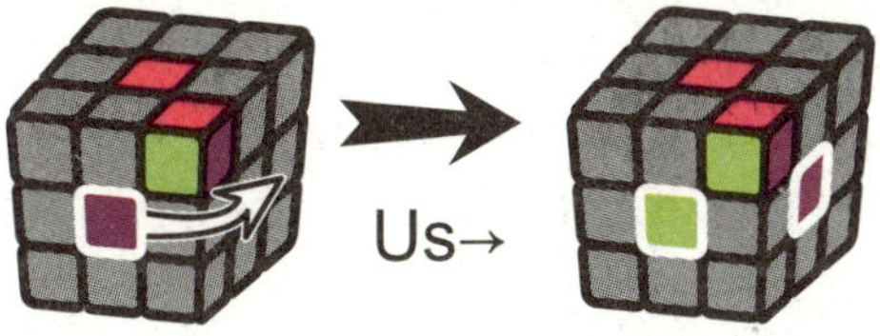

反复做Us→却无法还原F和R中心块的可能性无限趋近于零——除非你将中心块的贴纸贴错了颜色。

不错！

你现在已经将UFR角块的位置和方向都还原了，下面我们来还原另一个角块，这一步会比刚才的步骤复杂些。

整体顺时针（从上向下看）转动魔方，将刚才的那个UFR角块转移到UFL位置。

下一步就是将现在UFR这个位置上应有的那个角块还原。这一角块应该具有U面及F面的颜色（在本例中是粉色和紫色），它的第三种颜色也应该与魔方旋转后的R面颜色一致（本例中是蓝色）。先找到那个角块，然后自己试一下能不能在不破坏UFL角块的情况下将其还原。如果你感到困难（或是根本没思路），请接着看下一节。

3.1.1

还原第二个角块

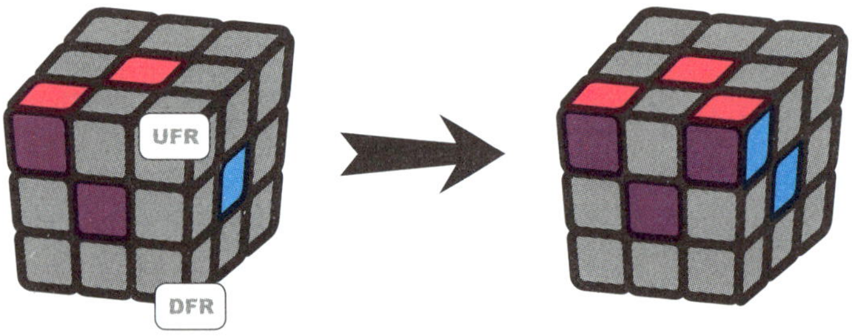

先假设UFR角块现在并不在它应该在的位置上，那么，接下来第一步是将它移动到DFR位置。在做这一步的时候注意不要影响UFL角块，也就是说，只能转动B、R和D层，像下面这样：

如果该角块在D层的任意位置，只要重复做D→就可以将它移动到DFR位置上。

如果该角块在UBR位置，做R↓↓即可。

如果该角块在UBL位置，先转动B层180°，使该角块移动到D层，再转动D层即可。

现在，该角块已经在DFR位置上了。下图是交换UFR和DFR两个角块的简单步骤（在图中我们将两个角分别用单一颜色来表示，这是为了方便你观察它们的交换过程）。

A_1 = R↓ D← R↑ D→

这是本书的第一个有用的公式。我们将它命名为公式A_1。

好啦！

你已经学会了第一个公式，反复练习几次，后面我们还会用到它。

使用这个4步的公式，*你就能不费力地将角块由DFR移动到它的正确位置UFR。但是，该角块的方向却仍有可能是错误的，我们该如何解决呢？

答案如下：通过重复做A_1，我们可以得到一个将UFR块逆时针转动的新公式A_2（见右侧红色框）。

*你也许注意到了，如果我们要做的仅仅是将角块从DFR位置移动到UFR位置，用4步的A_1公式显然有些多余。为什么我们要多做一步看似无意义的D层转呢？资深玩家在遇到不需要考虑D层的情况时，通常确实只做前三步。

不仅如此，如果考虑到角块的方向问题，一个类似的公式也经常被用到。

这其实是A_1的镜像公式。在处理角块的时候，这种镜像公式非常有用。

$A_2 = A_1 A_1 =$
R↓ D← R↑ D→
R↓ D← R↑ D→

如果这样做后UFR角块方向仍然不对，那么请再做一次A_2公式。图示如下：

好啦！

现在，UFR角块的位置和方向都已经复原了，与你之前复原的UFL角块遥相呼应。

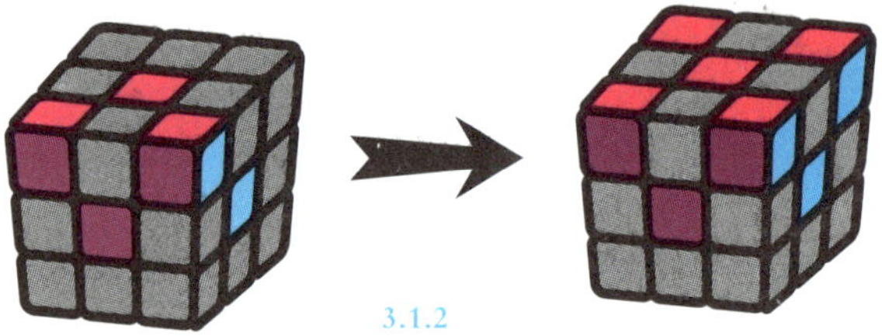

3.1.2

还原U层剩余角

当你还原好UFL和UFR角块之后，首先要做的是将整个魔方像下图这样顺时针旋转90°，这样两个已经还原的角块就移到左上方了。

你也许觉得奇怪，将UFR角块逆时针旋转90°需要8步（公式A_2），但顺时针旋转90°却需要16步（重复做两次公式A_2）。其实如果我们倒着做公式A_2，只需要8步就行了。

A_2逆公式=D← R↓ D→ R↑ D← R↓ D→ R↑

另外，由于我们在这一步并不需要考虑公式对D层的影响，我们也可以应用前面提到的F/R镜像的方法，最后得到的公式只需要6步：

优化后的A_2=F↻ D← F↻ R↓ D← R↑（逆时针旋转UFR）

优化后的A_2逆公式=R↓ D→ R↑ F↻ D→ F↻（顺时针旋转UFR）

小提示：

A_1 = R↓ D← R↑ D→

A_2 = A_1 A_1

这样做使得F和R面的颜色发生了改变，意味着一个新的角块需要被还原到UFR位置。我们可以用前一节的方法对其进行还原。（将目标块移动到DFR位置上，然后重复A_1/A_2直到还原该角块*）

然后再次重复这一步骤（魔方整体转动90°，再次还原UFR角块），整个U层的四个角块就都被还原了。

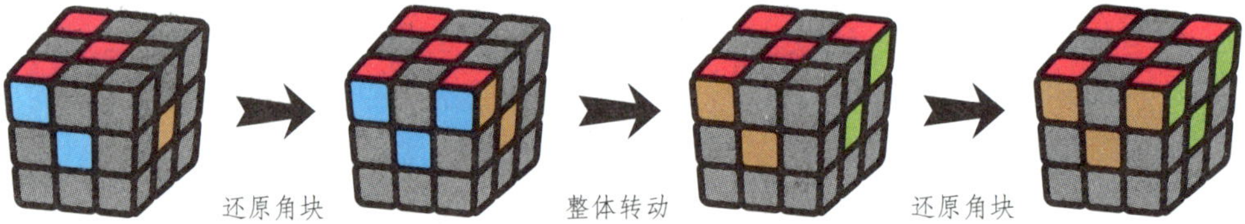

干得好！

你已经还原了一层的四个角，接下来要还原这个层的其余部分。

3.2

还原一层的四个棱块

现在，顶层还有4个“空位”，接下来的任务就是把恰当的棱块填充到这些空位之中。看一下你的魔方并找到一个含有顶面颜色（在我们的图中以粉色表示），但目前并不在顶层上的棱块，转动Us中间层或者D层，直到该棱块位于下图中两个位置之一：

如果棱块在Us层上，通过转动Us将它转动到FR位置（这一步不必考虑中心块的颜色）。

如果棱块在D层上，通过转动D将它转动到FD位置。

记住，Us指的是U层和D层之间的中间层。

观察一下该棱块另一个面的颜色，然后判断出该棱块应该还原到哪个“空位”中。转动U层使该空位转到UF位置。在右图的例子中，该棱块另一面上的颜色为紫色（图中的FD位置），因此我们就将紫色的“空位”转到UF位置（图中以白线表示）。

现在，你的魔方的状况应该是下图中四种情况中的一种：

尝试一下你能否在不破坏其他已还原部分的情况下将该棱块还原（这需要些技巧）。我们的方法见下页。

E1 = Us→ F↻ Us←← F↻
E2 = Us→ F↻ Us← F↺
E3 = F↻↻ Rs↑ F↻↻ Rs↓
E4 = Rs↑ F↻ Rs↓ F↺

这里是我们用到的4个不同公式。看一下你现在的魔方状态属于下图中的哪一种，然后照着下面的公式还原。

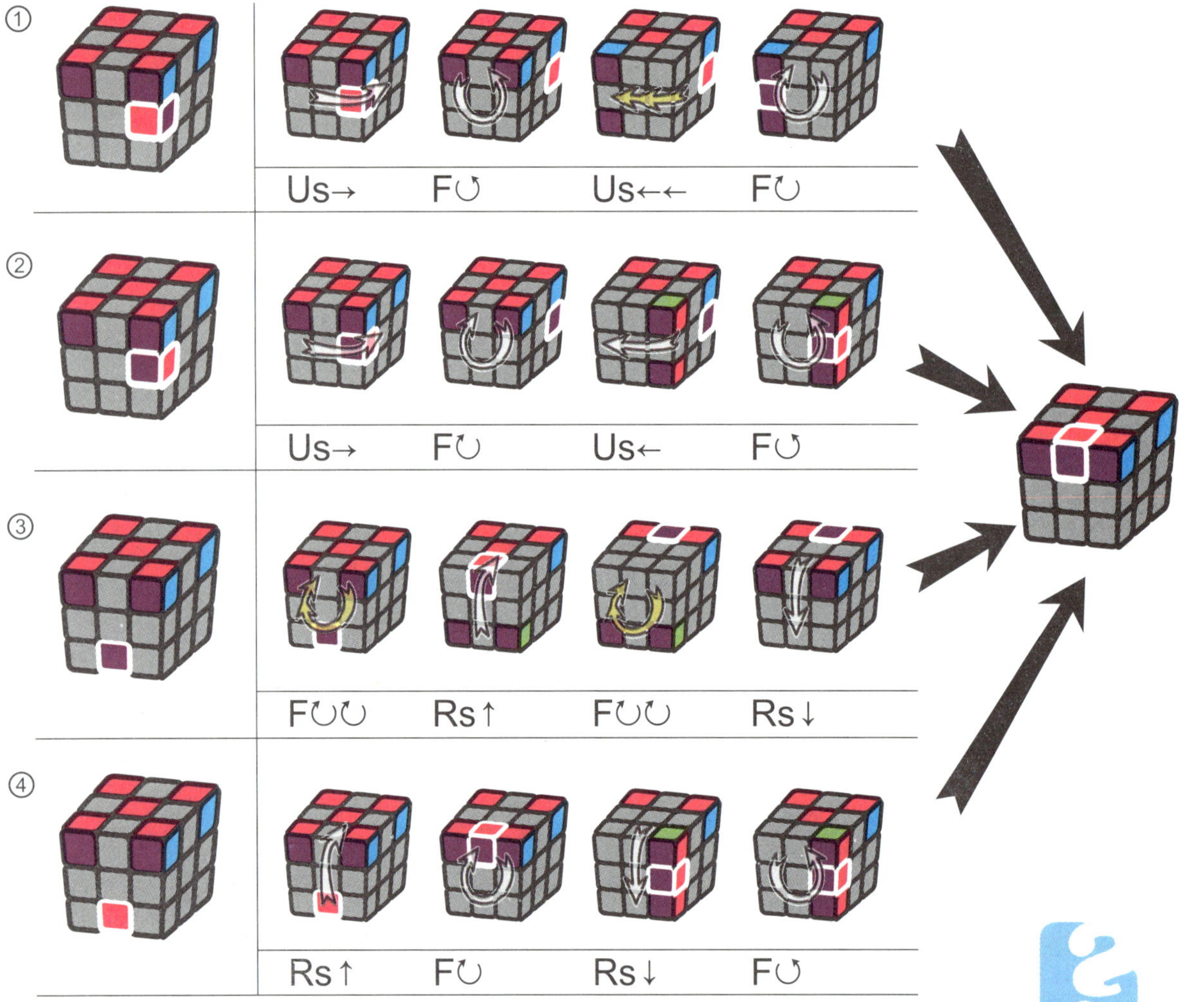

随着公式越来越长，我们将把转动符号写在图的下边，而不是图之间。

还原顶层其余各棱，只要重复这一步骤就行了。

	找到另一个拥有U面颜色的棱块（左图中位于BR位置）。
	转动Us或D层，将该棱块转动到FR或FD位置（图中显示为FR位置）。
	转动U层，将目标位置转动到UF（图中的目标位置被两个带有粉色及绿色的角块夹在中间）。
	用相应的公式E还原该棱块。

你也许会遇到这种情况：要还原的棱块已经在U层了，但位置或者方向却不对。对付这种情况，只需要将该棱块移到UF位置，然后做一次公式E（任意一个），这样该棱块就被交换出来了，然后就可以按正常步骤还原了。

另一个方法是使用公式“G”，该公式将在后面的3.4中讲解。

现在，重复这一步骤，直到所有顶层棱块都已还原。*

祝贺你！

你现在已经还原了一层，值得庆贺。现在，为了进行接下来的步骤，请把魔方翻转，将已还原的层翻转到D层位置。

*当你熟练后也许会觉得公式E有点麻烦。例如，F↺Us→F↻就比公式E_4短一些。我们这样选择的原因是它更好记。当你能更熟练地观察魔方后，就可以尝试跳过将棱块移至FR或FD位置这一步，直接进行还原了。

3.3

还原剩余角块

现在的4个未被还原的角块全部处于U层（显然也不可能在别的地方），它们有可能位置不正确，也有可能在正确的位置，方向却不对。我们先还原它们的位置，然后再还原方向。

3.3.1

还原角块位置

首先，让我们确定顶面的颜色。这很简单，就是顶面中心块的颜色（在我们的图中是棕色）。现在观察U层的4个角块，你会发现每个块都会带有顶面的颜色（这一步骤可以忽略顶层棱块，我们将在3.4中还原它们）。*

* 实际上，通过转动U层你会发现，该层4个角块U面颜色的排布方式只可能是下图中的8种之一。如果你发现你的魔方并不是这样（例如，有3个角的U面颜色朝上），那只能说明你的魔方从一开始就装错了（这在我们自己对教程做测试时也遇到过）！

现在，检查一下4个角块其余的颜色。找到两个位置相邻（意思是它们不在对角位置），且拥有除顶面颜色之外另一种相同颜色的角块。在下图中我们以紫色来表示。整体转动魔方使紫色面对着自己，然后转动U层和D层，直到所有拥有紫色的角块也都对着自己。

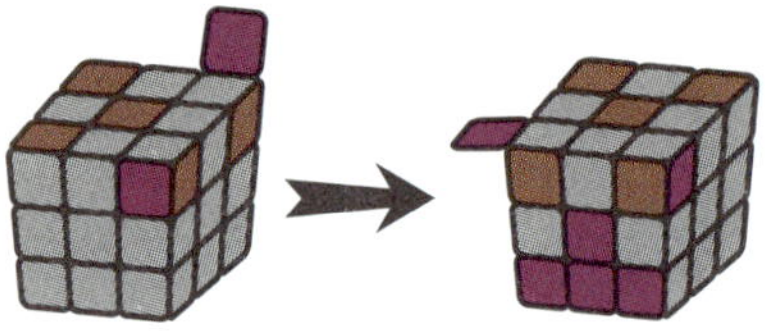

不需要交换的情况

需要交换的情况

现在你需要确认一下UFL和UFR角块是否处在正确的位置（暂时忽略它们的方向），或是位置相互颠倒。观察UFR角块3个面的颜色，如果你正确地按照我们所说的做了，那么这3个颜色中有一个是U面的颜色（棕），另一个是F面的颜色（紫），那么第三个面的颜色是什么呢？是不是R面的颜色？如果是，那么该角块就处于正确的位置了（虽然方向可能是错的）。如果不是，那么就需要用公式C将UFL和UFR两个角块交换一下。

C = F↻ U↻ F↺ U↺ R↑ U↺ R↓

F↻ U↻ F↺ U↺ R↑ U↺ R↓

当你还原了这两个角块的位置，再看一下UBL和UBR角块。它们也可能是位置颠倒的，转动U层180°，将他们移到前面。

我们将公式所涉及的两个角块涂成单一颜色，这样可以方便你观察还原过程。

现在这两个块分别位于UFL和UFR位置，看一下他们是否位置颠倒，如果是的话再做一次公式C。*

*如果不想重复做两次公式C，你可以用下面的公式：

F↺ U↺ R↑ U↻ R↓ F↻

这个公式能同时交换前排和后排两对角块。当然，你要先检查一下前后排角块是否都需要相互交换。

干得好！

还原了角块位置，接下来是角块方向。

3.3.2

还原角块方向

要还原顶层4角块的方向，你将会遇到一个简单但是容易让你产生畏惧感的方法，因为它会把魔方转得很乱。让我们来一点点地消除这种畏惧感。

还记得3.1.2的公式A_2吗？如果你连做三次A_2，魔方会恢复到做公式前的状态，试一下：

A_2 A_2 A_2 = R↓ D← R↑ D→ R↓ D← R↑ D→
R↓ D← R↑ D→ R↓ D← R↑ D→
R↓ D← R↑ D→ R↓ D← R↑ D→

! 练习之后，先把本节后面的内容全部弄懂再动魔方，否则一旦出错你就得从头还原魔方了！

你会发现在这个过程中，D层会被转得相当乱，但是到了最后，整个D层又恢复如初了。多练习几次，直到你熟练为止。

感觉不错？好吧，请继续！

公式A_2的作用是将UFR角块逆时针旋转，同时保持U层其他块不受影响。（其他层的块会受到影响，但再重复做两次A_2后就又恢复了）

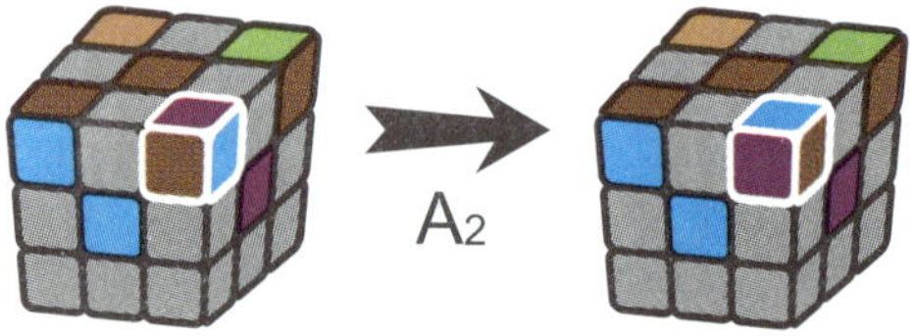

连做两次公式A_2能让UFR角块逆时针旋转两次，相当于顺时针旋转一次。

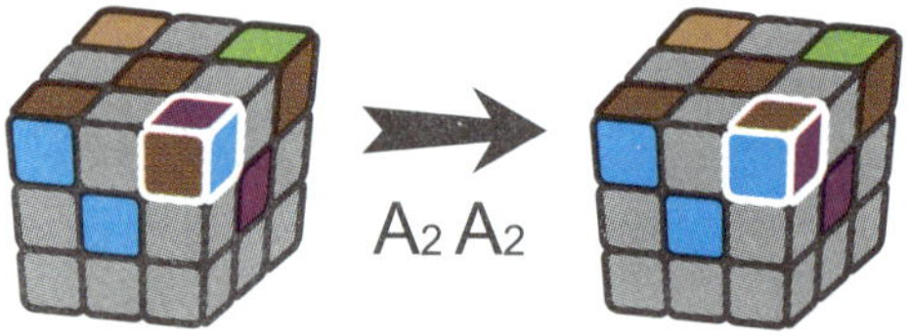

也就是说，如果我们能在做三次A_2的过程中旋转U层，就能自己决定让哪些U层角块得到了旋转，看下面的例子：

在左图中，UFR位置上的棕—蓝—紫色角块需要旋转一次，而UBR位置上的棕—绿—紫色角块则需要旋转两次。

A_2

我们先做一次A_2，将使UFR位置上的棕—蓝—紫色角块旋转一次，也就是将它的色向旋转到正确位置（这个过程会将图中用黑色标示的下面两层的某些块弄乱，但是我们不用担心它们）。

U↻

然后，做U↻，将棕—绿—紫色角块移动到UFR位置。

A_2 A_2

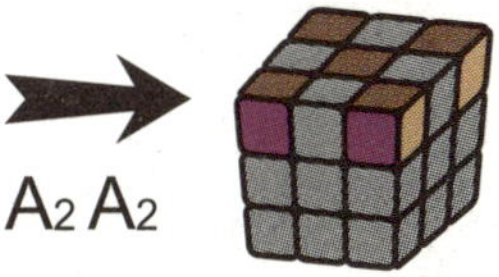

连续做两次A_2，这将使得棕—绿—紫色角块的色向也得到还原。现在所有的角块方向都已经还原了，由于我们做了三次A_2，起初下两层被弄乱的部分也已经恢复了！

请把它记清楚，这是我们还原所有角块的简单办法。*

1. 转动U层直到一个方向不正确的角块被移动到UFR位置。

2. 重复A_2直到该角块方向被还原。

3. 如果还有其他角块未被还原，重复以上步骤。

U↻↻

哦，还有最后一步——当所有角块都还原后，转动U层使得所有角块的颜色与相应的中心块颜色相一致。

妙不可言！

全部角块都已经还原了！魔方还原进程过半，加油！

* 这个还原角块方向的方法很简单，但是最多需要做6次A_2，转动4次U层，一共需要转动52步。由于连做两次A_2和倒着做A_2的效果是一样的，如果用其替代的话最多就只需要28步了。如果使用前面提到的改进后的A_2，总步数还可以减少。熟练的玩家则会用同时旋转所有角块的公式来还原。如果你想尝试一下这种方法，请看下面这个只有R层和U层转动的公式［这个公式由拉尔斯·佩特鲁斯（Lars Petrus）于1980年发现］：

R↑U↻R↓U↻R↑U↻↻R↓U↻↻

这个公式同时顺时针旋转U层的3个角块，且能保持D层不受影响。最多只需要做两次这个公式（或者该公式的逆公式），就能还原所有角块的方向，你能找到方法吗？

3.4

还原对面层的棱块

在开始这一步骤前，请将已还原的层（即现在的D层）翻动到L。

现在只剩下8个棱块没有还原了。其中4个在R层，另外4个在Rs层。接下来，我们要先找到需要被还原到R层的4个棱块。然后将它们还原到正确的位置和方向上（Rs层4个棱块要到下一步再还原，现在先不用担心把它们弄乱）。

找到这4个棱块很简单：看哪个棱块含有R面的颜色（我们的图示中是棕色），我们先来还原其中一个。

先看看你是否能在Rs层找到这样一个棱块。在我们左侧的图示中，我们找到了位于FD位置的棕—绿色棱块。请注意那个棱块上除了R面颜色外的另一个颜色的贴纸（在这个例子中是绿色）。

转动Rs中间层，直到该贴纸被转动到U面上（注意不仅该棱块要位于U层，该色贴纸还要朝上），这将会出现以下情形中的一个：

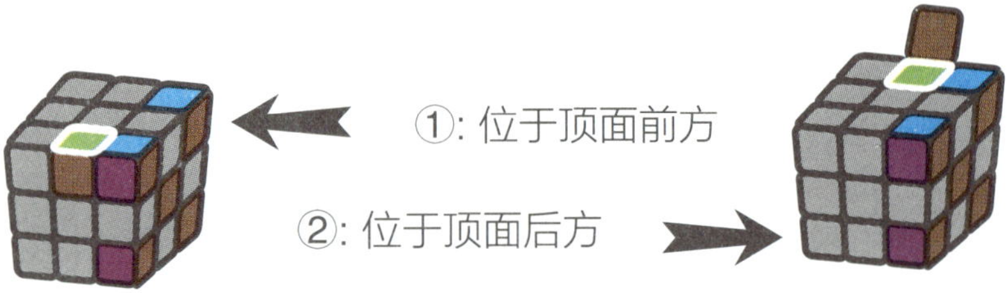

如果你很不幸，有这样一种可能。所有具有R面颜色的棱块都已经在R层了，所以你就不可能在Rs层发现这种颜色的块了。如果是这样，你只能假设自己发现了一块，然后继续按照我们的步骤进行[将Rs层上的棱块（非R面颜色）转到R层的同时，R层的棱块（R面颜色）也对调到了Rs层]。

下一步，转动R层直到将目标空位转到顶层——也就是UR位置（在右图中，也就是将绿色角块间的空位移到UR位置）。

现在，根据你手中的魔方属于①和②中的哪一种情况，用相应的G公式进行还原。这两个公式都能够让UF、UR和UB三个块循环，不同的是循环的方向。

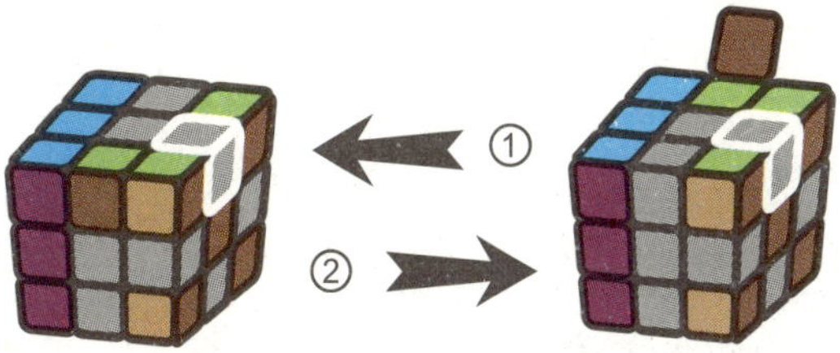

①

G_1 = R↓↓ U↺ Fs↺
U↺↺ Fs↻ U↺ R↓↓

R↓↓　U↺　Fs↺　U↺↺　Fs↻　U↺　R↓↓

②

G_2 = R↓↓ U↻ Fs↺
U↻↻ Fs↻ U↻ R↓↓

R↓↓　U↻　Fs↺　U↻↻　Fs↻　U↻　R↓↓

有些读者可能会觉得G_1和G_2公式不顺手，因为有Fs层转动。下面是两个变形公式，消除了Fs转动。

变形G_1=R↓↓D←Rs↑U↻↻
Rs↓ U↻↻D→R↑↑

变形G_2=R↓↓D←U↻↻
Rs↑U↻↻Rs↓D→R↑↑

我们的教程不采用它们，因为它们步骤较长。但是如果你有兴趣，可以和3.5中的H公式比较一下。

应用G_1和G_2，你现在已经还原了R层4个棱块中的一个。干得好！下一步就是重复这一步骤：

在Rs中间层上找到另一个需要还原到R层上的棱块。

转动Rs中间层直到该棱块位于U层，且棱块上与R面不同颜色的贴纸朝上。

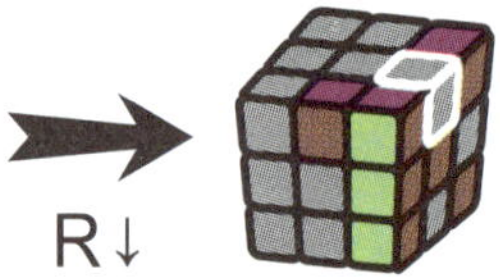

转动R层直到目标空位被移动到UR位置。

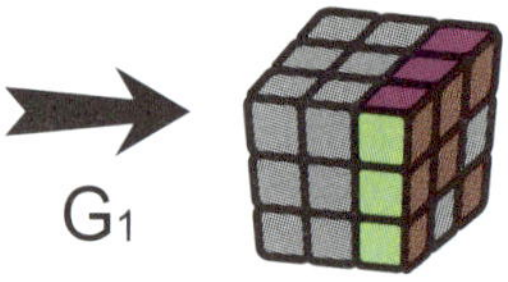

用公式G_1或G_2还原该棱块。

重复这一步，直到R层的4个棱块都被还原。*

和3.2一样，也许有些棱块在还原之前已经位于R层上了，方向和/或位置不对。你同样要用G_1或G_2公式先将该棱块替换出来，再进行还原。

在做G公式的时候，你也许会发现它反复转动R层。是的，这两个公式的第一步R↓↓其实是为了让所有参与循环的棱块在初始时都位于U层上以方便观察。如果去掉这多余的一步，参与循环的R层棱块将由RU变为RD。如果你能保证观察时不出错，也可以去掉这一步骤而将G公式进行简化。

事实上，仔细研究一下会发现这一简化后的G公式与下一节中将出现的H公式很相似。它们其实是同一个公式，仅仅增加了一步U层转动，以及用Fs替代了Rs。

竞速玩家则一般采用下面这个公式：

变形G_1 = F↺↺ U↻ F↻ U↻ F↺ U↺
F↺ U↺ F↺ U↻ F↺

它有更多的步数，但是只有两层转动，这使得它做起来很快。尽管这个公式很难一眼看出是怎么完成三棱循环的。

G_{1s} = U↻ Fs↻ U↻↻ Fs↺ U↻
G_{2s} = U↺ Fs↻ U↺↺ Fs↺ U↺

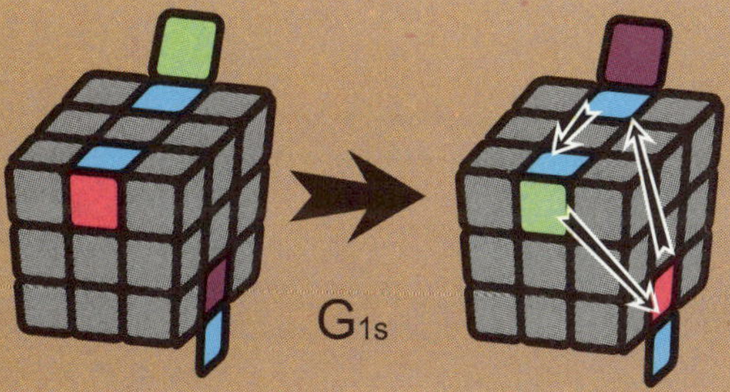

继续前进！

两层已经还原了，现在只剩下中间层棱块。

3.5

还原余下棱块的位置

首先转动Rs中间层，使所有中心块归位。

现在看一下剩下的4个棱块中有哪些已经还原，有哪些还没有还原。有的棱块有可能位置已经正确了，但是方向却是颠倒的。先不要管方向问题，我们将要在3.6中处理它。现在算一下有几个棱块位置正确，再看下面的部分。

4个棱块位置全对

如果是这样的话，直接跳到3.6。

只有1个棱块位置正确

如果是这样，另外三个棱块一定是依次移动了位置（这被称为“三循环”）。翻动魔方让那个位置正确的棱块处于BD位置，如果你遇到的三循环是“朝上”的（也就是FD块需要移动到FU位置，而FU块需要移动到BU位置），使用下面的公式H：

H = U↻↻ Rs↑ U↻↻ Rs↓

U↻↻ Rs↑ U↻↻ Rs↓

如果你遇到的三循环是“朝下”的，你可以选择如下方法中的一种：

1.重新摆放魔方，使U和F两个面互换，然后做公式H。
2.做两次公式H。
3.做公式H的逆公式（Rs↑ U↺↺ Rs↓ U↺↺）。

你可以从中选择一个自己喜欢的。

4个棱块位置都不正确

如果是这种情况，就要费些工夫了。*你可以重复做公式H，直到出现一个位置正确的棱块，再按照前面的方法去做。

如果你遇到的是两个棱块位置正确的情况，恭喜你，你的魔方又装错了。因为根本没有一种方法可以只交换两个棱块而不影响其他块的位置。

如果你真的遇到3个棱块位置正确的情况，那么，剩下那个棱块肯定是贴错贴纸了。想一下就知道，怎么可能有一个棱块位置错了，却在魔方上找不到另一个它可以交换到的位置？

* 如果你不在乎多学两个公式，下面是两个处理4个棱块位置都不正确的情况时的简单方法。

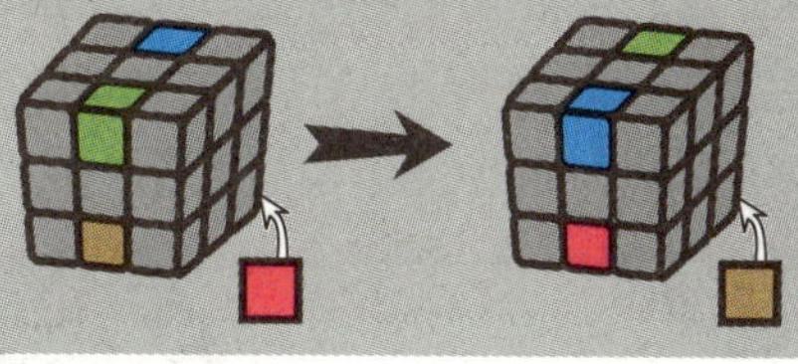

U↺↺ Rs↑↑ U↺↺ Rs↓↓
UF与UB交换，DF与DB交换。

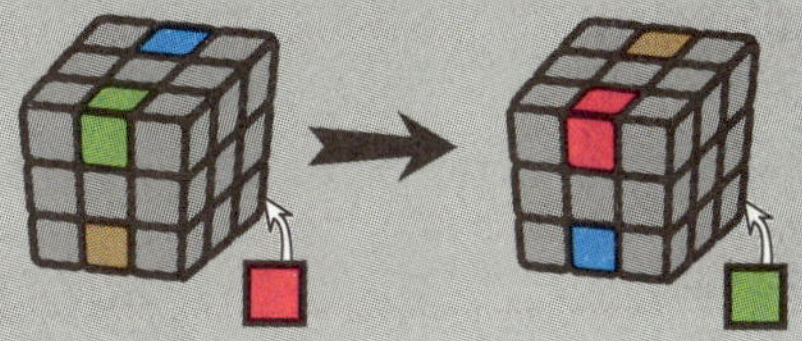

Us→→ Rs↑ Us→→ Rs
UF与DB交换，DF与UB交换。

胜利在望！

现在你的魔方有八分之一的可能已经还原了，否则请阅读下一节。

如果你的魔方现在有奇数个棱块需要翻转，那就意味着你的魔方装错了。

3.6

还原余下棱块的方向

如果你的魔方还未还原，那一定是还有2个或4个棱块需要翻转——反正肯定是个偶数。

我们的方法与3.3.2中转动角块的方法很类似——用一个公式将一个棱块翻转，同时弄乱好多其他块，然后再用另一个公式将该棱块还原，其他被弄乱的块也随之恢复原状了。

看下面的例子。

假设你需要翻转FD（紫—绿）棱和UB(蓝—棕黄)棱。

首先，做Rs↑让紫—绿棱块移动到UF位置。

然后，做公式K_1（一个我们没用过的公式，见下页），它会将UF块翻转，同时影响到很多其他块（但是请注意Rs层上的棱块并不受影响）。

之后，再做Rs↓↓将蓝—棕黄棱块移至UF位置。

再做公式K_2，这样，不仅蓝—棕黄棱块得以复原，之前打乱的其他块也回到了原位。

最后将整个魔方对齐（即做Rs↑），还原结束！

看明白了吗，总结一下：

1.做Rs↑直到一个需要翻转的棱块被移动到UF位置上。

2.做公式K_1。

3.重复步骤1。

4.做公式K_2。

5.如果仍有棱块需要翻转，*则重复步骤1～4。

6.转动Rs层（以“平衡”掉步骤1和步骤3中Rs层的转动）直至整个魔方复原。

*用K公式翻转2个棱块需要14步，4个棱块需要28步（如果你机灵点只要24步）。理论上则只需要18步。下面是一个这样的公式，你可以自己思考一下它是怎么做到的。

U↻ R↓ U↺ Rs↓ F↺ Rs↓ F↺
Rs↓ F↺ Rs↓ F↺ U↻ R↑ U↺

好了，我想你已经弄懂了全过程。

K_1 = U↻ F↺ R↓ U↺ F↻

U↻　F↺　R↓　U↺　F↻

K_2 = K_1 逆公式= F↺ U↻ R↑ F↻ U↺

F↺　U↻　R↑　F↻　U↺

大功告成！

祝贺你，你完成了一件曾经让很多人用来自夸的事情——成功还原魔方！

还原3阶魔方的全过程

下面是还原3阶魔方的全过程回顾。大部分公式都会影响到其他块，我们在这里用黑色来标记。（每个公式下面的小字是用通用的“辛格马斯特”符号对该公式的叙述）

A_1 = R↓ D← R↑ D →

R'D'RD

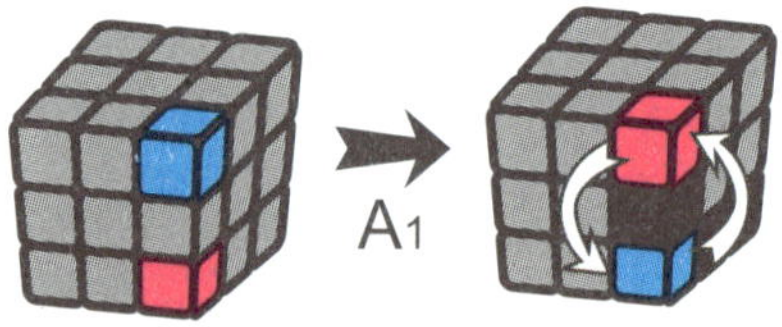

同样影响到了DLB和DB块。

A_2 = R↓ D← R↑ D→
R↓ D← R↑ D→

R'D'RDR'D'RD

重复做三次A_2，能让受影响的部分恢复原样。

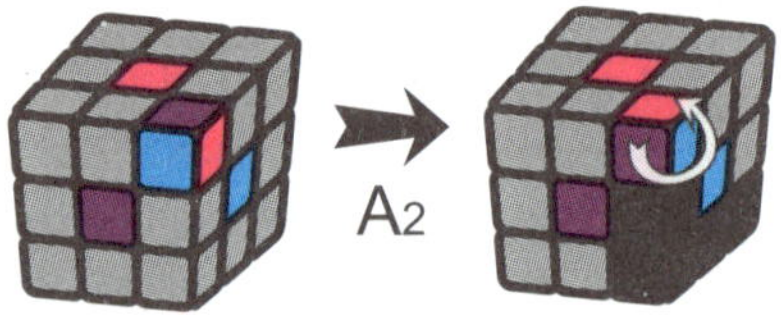

E_1 = Us→ F↻ Us←← F↻
E_2 = Us→ F↻ Us← F↻
E_3 = F↻↻ Rs↑ F↻↻ Rs↓
E_4 = Rs↑ F↻ Rs↓ F↻

UD'L'U2D2R
UD'LU'DF'
F2LR'D2L'R
LR'DL'RF'

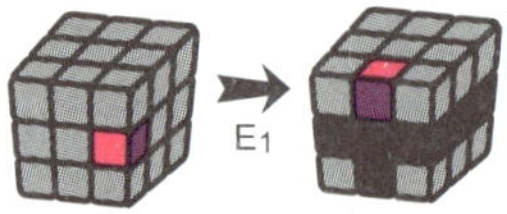

同样影响了LB、L和B块。

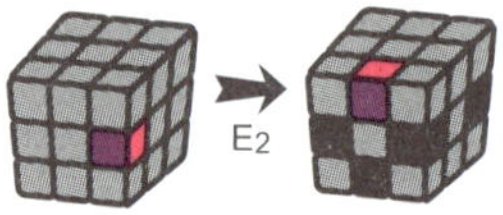

同样影响了LB棱块。

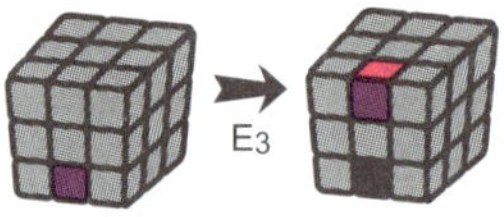

同样影响了DB棱块。

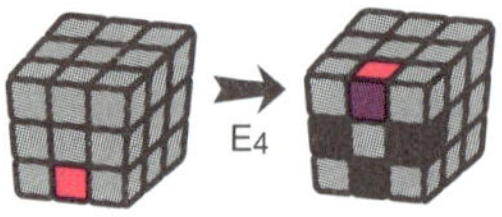

同样影响了DB棱块。

C = F↺ U↺ F↻ U↻
R↑ U↻ R↓

F'U'FURUR'

G_1 = R↓↓ U↺ Fs↺
U↺↺ Fs↻ U↺ R↓↓

G_2 = R↓↓ U↻ Fs↺
U↻↻ Fs↻ U↻ R↓↓

R2U'FB'R2F'BU'R2

R2UFB'R2F'BUR2

两个G公式是互逆的。

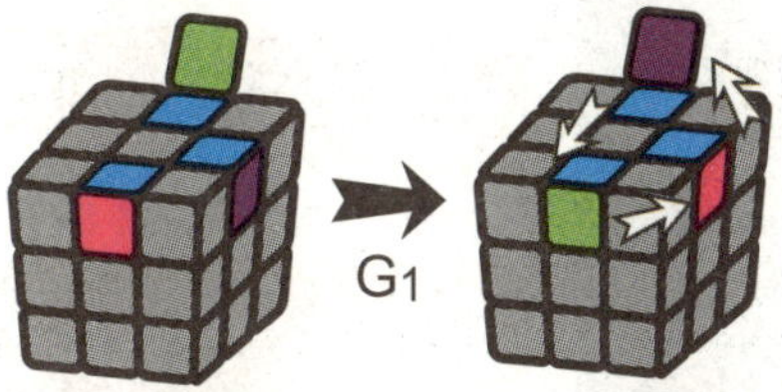

H = U↺↺ Rs↑ U↺↺ Rs↓

U2LR'F2L'R

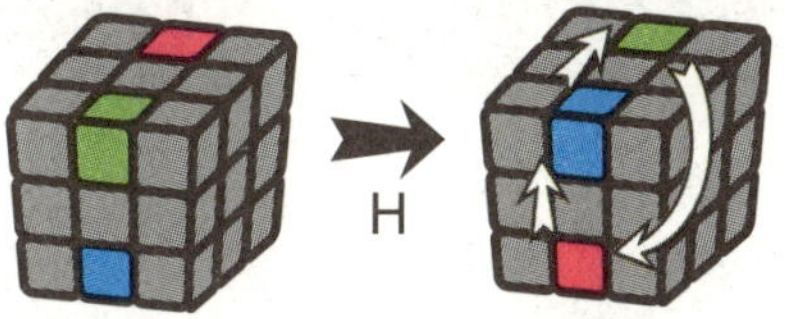

K_1 = U↺ F↻ R↓ U↻ F↺
K_2 = F↻ U↺ R↑ F↺ U↻

U'FR'UF'

FU'RF'U

两个K公式是互逆的。

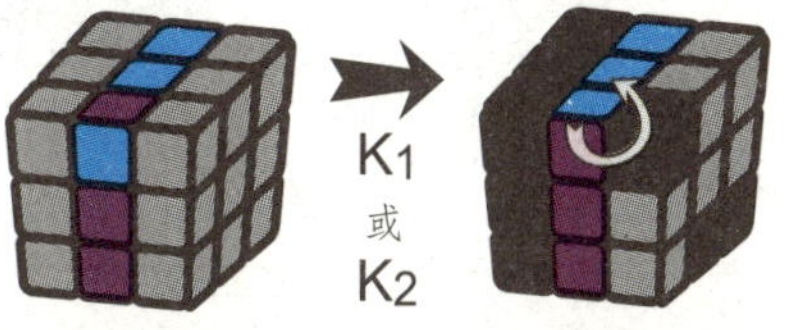

额外部分：转动中心块

有时候，你会还原一个表面带有图案或文字的魔方，这种情况下，在还原的最后还要把中心块的方向调整对。我们并不提供一种通用的旋转中心块的方法，而是给你两个公式（以及它们的意义）。只要运用得当，最多只要使用6次就可调整好全部中心块。

第一个公式：将U面中心块旋转180°。

R↓L↑ U↻↻ R↑L↓ U↻ R↓L↑ U↻↻ R↑L↓ U↻

第二个公式：将F面中心块顺时针旋转，同时将R面中心块逆时针旋转。

Rs↑ U↻ Rs↓ Us← Rs↑ U↺ Rs↓ Us→

第二个公式值得用图示讲解一下。它与用公式A_2旋转角块，以及用K_1和K_2公式翻转棱块的原理是一样的。

Rs↑	U↻	Rs↓	Us←
粉色中心块上移	粉色中心块旋转	粉色中心块下移	绿色中心块横移

Rs↑	U↺	Rs↓	Us→
绿色中心块上移	绿色中心块旋转	绿色中心块下移	绿色中心块归位

你可以运用这个公式来调整Us层上任意两个中心块的方向，只要改动一下第4步和第8步中转动Us层的度数即可。此外，通过把第2步和第6步改成U↺↺就可以使相应的两个中心块旋转180°。

还原2阶魔方

怎样还原2阶魔方

还原2阶魔方与还原3阶魔方的8个角块非常相似，你甚至会认为是完全相同的。它们只有一点不同：2阶没有中心块，你不必再按中心块的颜色来还原。因此，我们不但要大量应用3.1和3.3讲过的方法，还将专门介绍如何来确定每个面的颜色。

2.1

还原2个角块

2.2

还原4个角块

2.3

还原其余四角位置

2.4

还原其余四角方向

2.1

还原2个角块

这一步很容易（特别是当你学会还原3阶魔方之后），但是如果你感到上手困难，请尝试以下方法：

拿起打乱的魔方，观察UFL角块。假设这个角块是已经还原好的，以这个角块为基准来还原其他的角块。

注意，我们现在有了确定的U面和F面的颜色（在图中以蓝色和紫色来表示）。

找到另一个拥有U面和F面颜色的角块（找的过程中别忘了哪个块是UFL），这个角块需要还原到UFR位置。

如果这个角块的起始位置不正确，那么把该角块移动到DFR位置，注意只转动B层和D层就好，这样可以不影响到UFL角块。如果它在D层上，那就只转动D层，否则先转动B层180°，这样它就被转动到D层上，然后再转动D层。

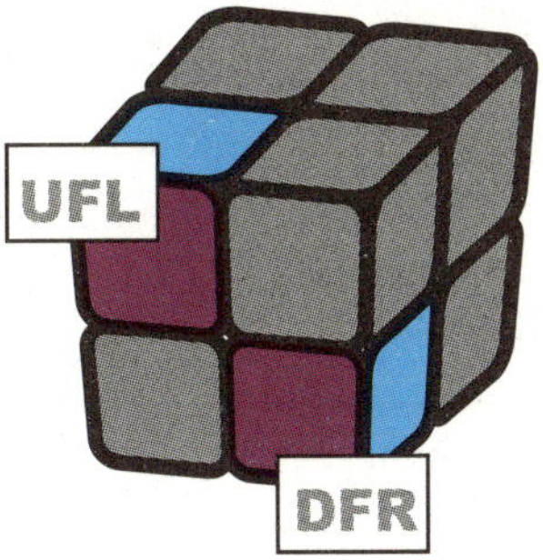

现在翻到88页的3.1.1一节，按照那一节的方法还原这个角块。如果你已经认真读过那一节，记住要点就行了：重复公式A_1，直到角块还原。

A_1 = R↓ D← R↑ D→

现在2个角块已经还原了，简单吧！

2.2

还原4个角块

这一步骤与90页的3.1.2完全相同。旋转U层使UFR位置空出来，将目标角块移到DFR位置，然后重复公式A_1。再次重复此步骤将第4个角块还原。

2.3

还原其余四角位置

在这一步开始前，将魔方整体翻转。将已经还原的4个角块移到D层。这一步与94页的3.3.1完全相同，除了顶面颜色并不容易一眼就看出来之外。

显然，顶面颜色就是4个角块都有的那个颜色。右图是该颜色的所有可能的排布情况（相当于3.3.1中的那个示意图）。

确定了顶面颜色，只要按照3.3.1中的步骤做下去就行了——找到两个具有共同颜色（除了U面颜色）的角块，再与D层相应的块对齐。如果需要的话，用公式C交换它们的位置，另两个块也如此做。

我们可以在94页中看到3阶魔方的等效图片。

C = F↻ U↻ F↺ U↺ R↑ U↺ R↓

对于3阶魔方来说，公式C是最具“破坏性”的公式之一，会影响大量的块。但是对于2阶魔方，影响到的仅仅是UBL角块以及其他块的方向。如果你想用不影响方向的公式，就需要用差不多2倍长的公式：

F↺U↻F↺U↺F↻R↓F↺U↻F↺U↺F↺↻R↑

现在所有的角块位置都正确了，下面要还原方向！

2.4

还原其余四角方向

这一步骤与96页的3.3.2完全相同。重复做公式A_2直到UFR角块的方向还原，然后，将未还原角块移动到UFR位置，重复这一步骤。

A_2 = R↓ D← R↑ D→ R↓ D← R↑ D→

整个魔方已经还原了！

下面是还原2阶魔方全过程的回顾。大部分公式会影响到魔方的其他块，我们在下图中将这些块用黑色标出。

A_1 = R↓ D← R↑ D→

同样会影响图中无法看到的DLB角块。

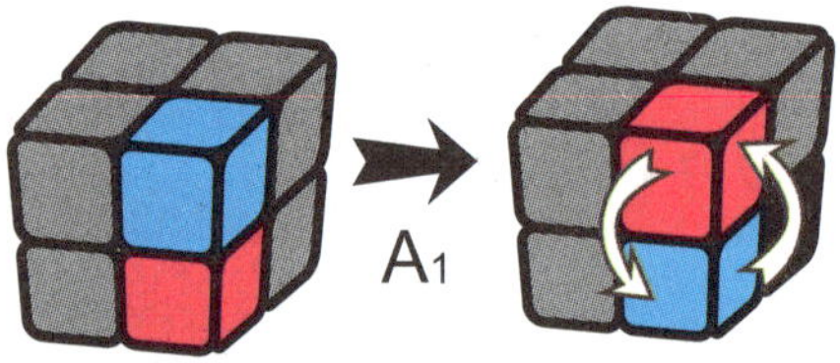

A_2 = R↓ D← R↑ D→
R↓ D← R↑ D→

重复做三次A_2，受影响的两个块就可以恢复到原来的状态。

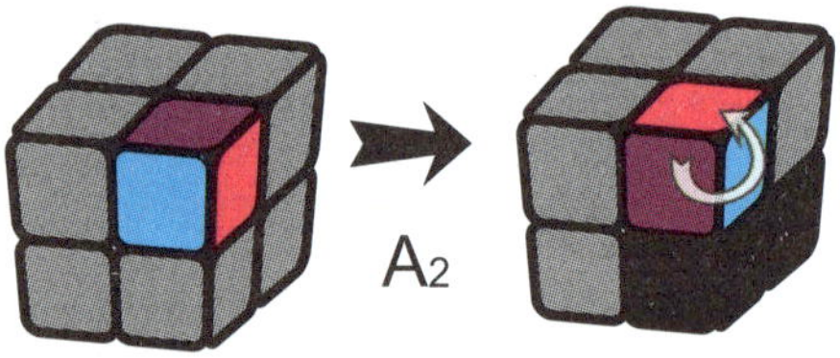

C = F↻ U↺ F↻ U↻
R↑ U↻ R↓

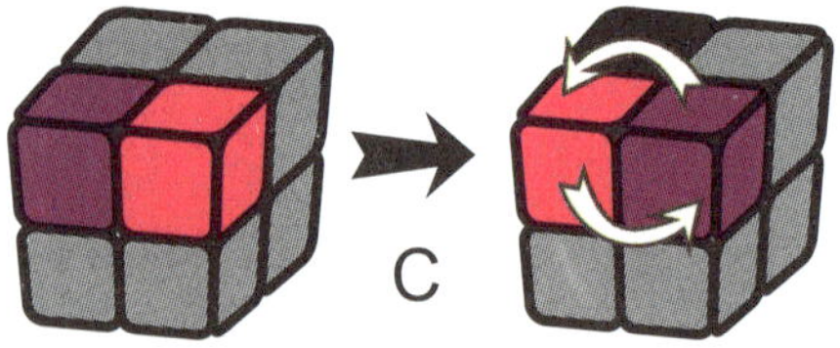

还原4阶魔方

我们的
还原步骤如下

4.1
还原U层面块

4.2
还原U层角块

4.3
还原U层棱块

4.4
还原其余角块

4.5
还原R层棱块

4.6
还原另两组棱块

4.7
还原其余棱块

4.8
还原其余面块

4.0

更多的中层转

在4阶教程开始时，我们假设你已经阅读了前面的3阶教程并掌握了相应的符号。这里需要新符号的唯一原因是现在我们有两个内层了。在这里我们将用示意图来解释与U层平行的内层的相关符号，这样理解之后，其他方向的新符号对你来说就不困难了。

U2→：向右转动由上至下的第二层。

U3→：向右转动由上至下的第三层。

U2和D3是相同的，还有其他几个同样的情况（例如L2和R3）。具体选用哪个符号来表达，我们将以那个符号更适合你记忆为原则。

Uu→：向右转动上面两层（U+U2）。

Us→：向右转动中间两层(U2+U3)。

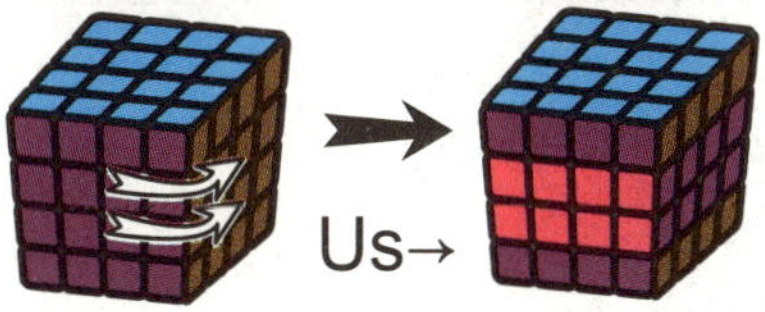

我们这里之所以重新定义Us为4阶魔方的中间2层，是因为如果你假设所有位于内层的块都合并到了一起，4阶魔方就变成3阶魔方了，尽管看起来这个3阶魔方的内层比较宽。这意味着只要每次都同时移动两个块，我们之前学过的那些公式现在仍然管用（尽管我们不用Uuu→这个符号来表示同时向右移动上面3层）。好了，开始看教程吧。

4.1

还原U层面块

由于4阶魔方没有固定的中心块，那就让我们来“创造”一个。将拥有同样颜色的4个面块组合到一起。这一步很简单，方法如下：

第一步： 将2个面块还原到U层的相邻位置。

第二步： 将另外2个面块还原到F层相邻位置（在不破坏U层2个面块的情况下）。

要将R、L或B层上的面块移动到F层中心的左下角，需要转动该层直到该面块移动到左下角，然后转动U3直到它移动到F层上即可。

在还原至左上位置的时候，做这一步时你可以用U2代替U3。如果你要从U层或D层移动面块则可以用R2代替。

第三步： 转动U层，使U层上的面块在R3上，F层上的面块在R2上，然后做Rr↑即可。

4.2

还原U层角块

这一步和90页的3.1.2完全相同。旋转U层使UFR位置空出来，将目标角块移到DFR位置，然后重复公式A_1，直至该角块还原。重复以上步骤还原其他3个U层角块。

A_1 = R↓ D← R↑ D→

4.3

还原U层棱块

这一步的大部分内容与91页的3.2相同。但是我们先要重点强调一下高阶魔方的一个特点。

!

在逻辑上原地翻转一个侧棱块是不可能的！

原因在于，尽管侧棱块看上去都是对称的，但其实从魔方内部构造上看却不是这样。同一侧棱的一面总是比另一面更靠近中心。无论你怎么转都不会改变它。可以设想侧棱块表面有一个记号来帮助理解。

如果原地翻转侧棱块可行，那么这个标记就会处于如左图所示的位置。但你会发现无论怎么转这个标记都不会转向。也就是说，侧棱块是具有“手性”（Chirality，特定的位置）的。

如果你发现4阶魔方上有一个侧棱块是反向的，那只能说明它的位置不对，需要移动到与它相邻的位置上。

有很多公式能做到这一点，一个简单的公式是U↻ R↓ F↻。

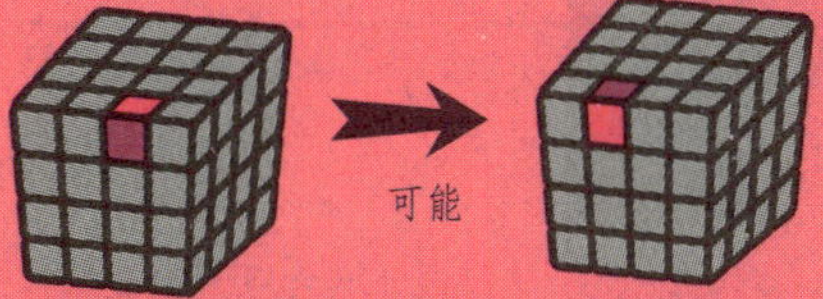

无论如何，我们这部分的还原技巧与91页3.2的完全一样：

1.转动U2、U3或D层，直到你想还原的棱块位于FR或FD位置上。

2.转动U层直到你要还原的目标位置转动到UF位置上。

3.用一个简短的公式将棱块还原到目标位置上。

下面是可能用到的公式：

当目标位置位于UF左侧棱位置时：

①FR，下方：U3→ F↻ U3←← F↺

②FR，上方：U2→ F↻ U2← F↺

③FD，右侧：F↻ R↑↑ U3→→ R↑↑ F↺

④FD，左侧：R3↑ F↻ R3↓ F↺

当目标位置位于UF右侧棱位置时：

⑤FR，上方：U2→ F↻ U2←← F↺

⑥FR，下方：U3→ F↻ U3← F↺

⑦FD，左侧：F↻ R↑↑ U2→→ R↑↑ F↺

⑧FD，右侧：R2↑ F↻ R2↓ F↺

仔细阅读会发现，这些公式与公式“E”很相似。公式③和⑦与3.2中的不同，是由于3.2中的公式在这里会影响到UF棱位置的另一个棱块。

重复最多8次，即可还原U层！

由于没有一个固定的中心块作为参照，你可以用112页2.3中的方法作为指导。

4.4

还原其余角块

这一步骤与94页的3.3完全相同。用公式C还原角块位置，再用公式A_2还原角块方向。

C = F↻ U↻ F↻ U↻ R↑ U↻ R↓
A_2 = R↓ D← R↑ D→ R↓ D← R↑ D→

在开始4.5之前，重新摆放你的魔方，使已经还原的一层位于L层。

4.5

还原R层棱块

在还原这些棱块前，先让我们回顾一下98页3.4中的内容。

G_1 = R↓↓ U↻ Fs↻ U↻↻ Fs↻ U↻ R↓↓

G_2 = R↓↓ U↻ Fs↻ U↻↻ Fs↻ U↻ R↓↓

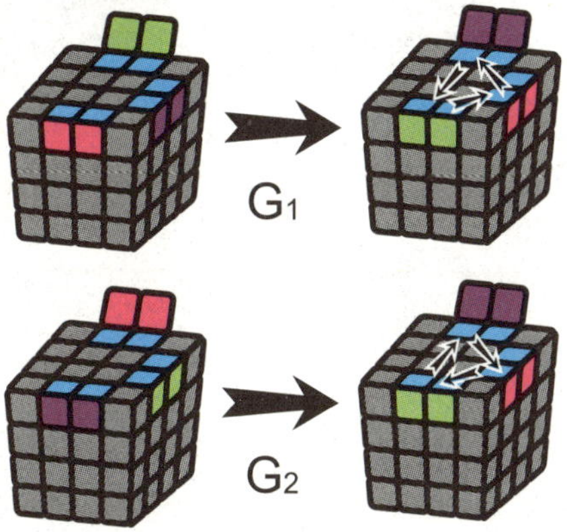

做Fs做烦了吗？请阅读3.4结尾处的星号部分。

别忘了Fs意味着同时转动中间两层（F2+F3）！

这些公式能让我们将R2和R3层上的一对棱块移动到R层上的指定位置。需要些技巧的部分则是如何将他们排列到一起。

选定R层的一对棱位置，然后找到需要还原的2个棱块。如果它们正好位于R2和R3层，不错！你应该转动R2和R3，让它们移动到可以做G转动的位置，如下图：

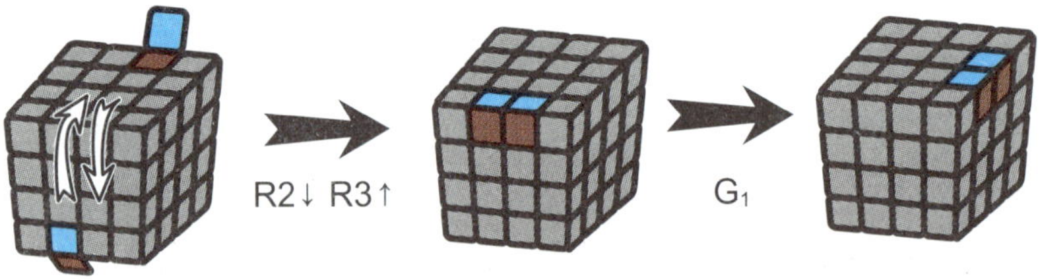

如果两个棱块在同一层（R2或R3），转动这一层直到它们都位于U层（如果可能的话），或者只是其中一个（如果它们不能同时移动到U层）。然后做：

H_2 = U↻↻ Rs↑ U↻↻

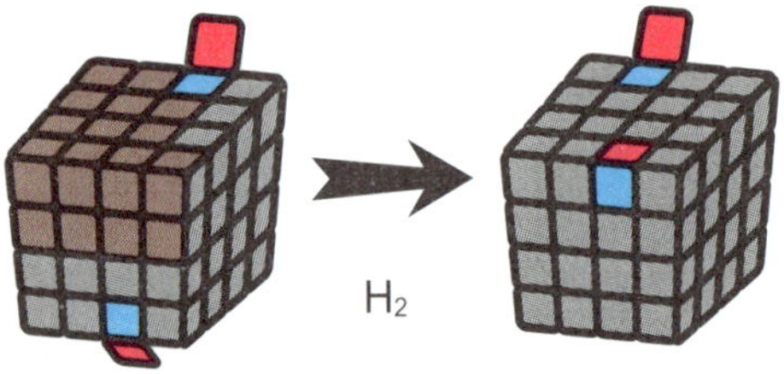

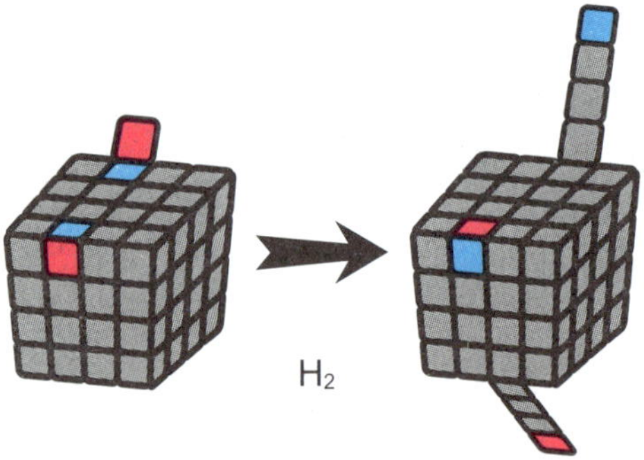

现在他们应该位于不同的层（R2和R3）。然后，再做之前的步骤。

最后一种情况，如果有棱块位于R层，你需要用公式G_1或G_2将它们从R层移动到R2或R3层，如下图：

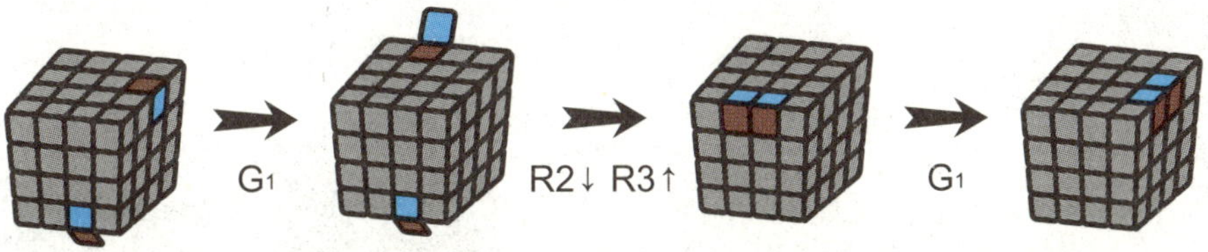

如果你想单独移动一个棱块，下面是顺序移动3个单独棱块的公式（不影响其他块）。第一个公式较短，第二个只能移动不同棱上具有对应位置的棱块（U层的颜色始终保持朝上）。

讲解这两个公式的含义并不是这一节的内容，但是它值得你自己动手研究，直到你能自己想出类似的公式。

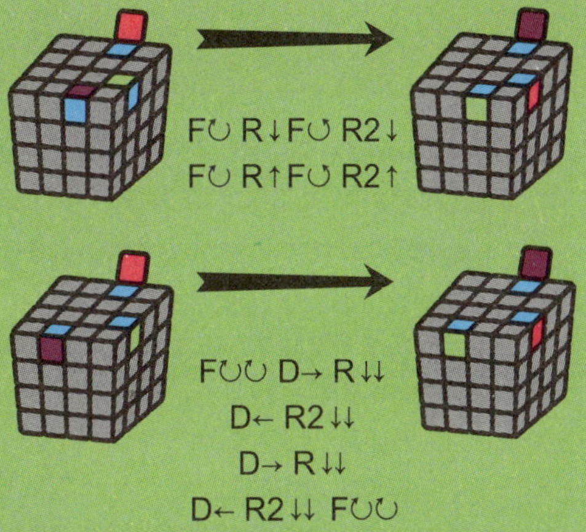

明智的办法是重复这一步骤（将2个*棱块移动到R2和R3层上，然后用公式G还原它们），你将可以还原R层的全部棱块。

4.6

还原另两组棱块

如果你已经掌握了前面的部分，再还原另一组棱块将是很简单的。选择一条棱，然后用前文的方法将与其对应的两个棱块拼到一起。最后，做Rs直到它们移动到和L、R两层相对应的位置上。

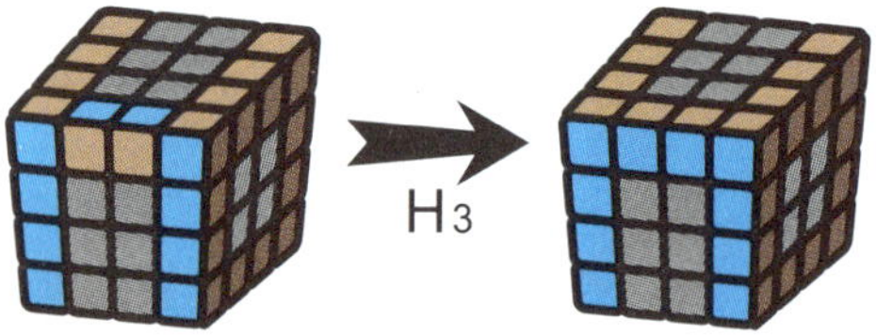

有时候这两个棱块需要翻转。将它们移动到UF层，然后做公式H_3：

H_3 = H_2 Rs↑↑ = U↻↻ Rs↑ U↻↻ Rs↑↑

现在你已经还原了一个棱位置，翻动魔方让这个棱位于视线之外的DB位置。还有UB、UF和DF棱位置需要还原。右图中我们用数字①~⑥来表示。下面我们要还原⑤和⑥位置（DF棱）。

如果⑤号棱块在⑥的位置上，或者相反（你可以根据棱块的颜色朝向来判断），用下面的公式H_4将它还原（你可能也正好还原了另一块）。*

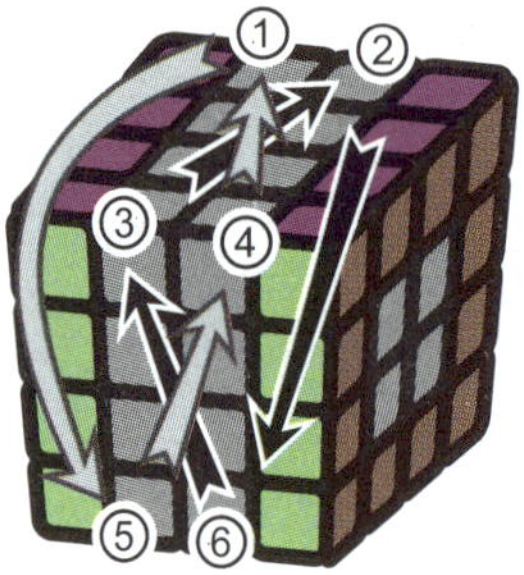

H_4 = H_2 Rs↓ = U↻↻ Rs↑ U↻↻ Rs↓

⑤→④→①→⑤

⑥→③→②→⑥

注意H_4和102页的公式H是一样的。我们只是用一个新号码来防止混淆（这样⑤和⑥就有了它们的“公式编号”）。

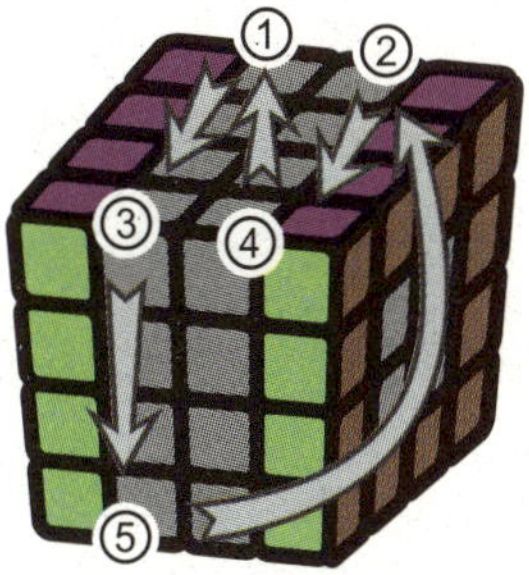

下一步是还原⑤，用公式H_5（只是用R3替换公式H_4中的Rs）：

H_5 = U↻↻ R3↑ U↻↻ R3↓
⑤→②→④→①→③→⑤

你也许要连续做4次才能还原它，但至少这个公式很简单（或者当棱块位于⑤或⑥上时，你可以逆用公式H_5）。

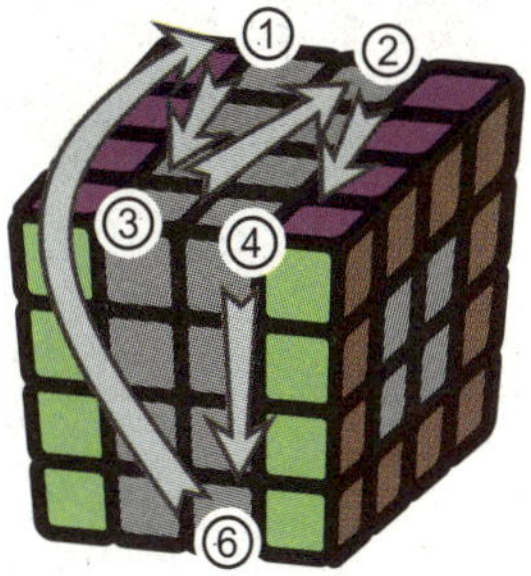

还原⑥需要用一个类似的公式（你猜到了吧）H_6：

H_6 = U↻↻ R2↑ U↻↻ R2↓
⑥→①→③→②→④→⑥

现在⑤和⑥都已还原，只剩4个棱块了！

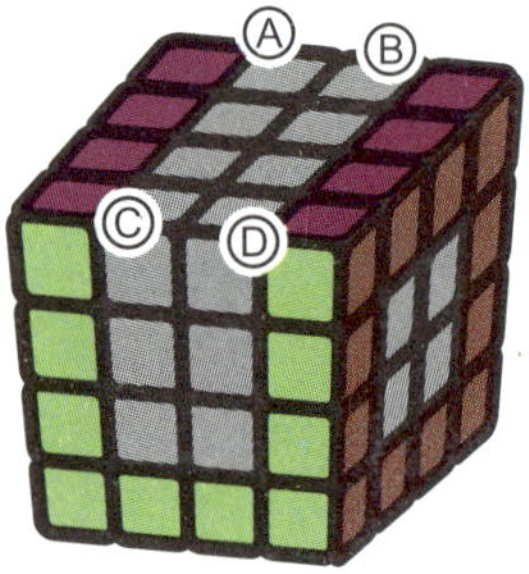

4.7

还原其余棱块

这一部分可能是整个还原过程中最难的部分。剩余4个棱块有24种可能的排布方式，你也很难观察出所要用到的公式是怎样起作用的。我们先将4个棱块编号为Ⓐ~Ⓓ（我们也可以用①~④，但是重新编号更能防止混淆）。

在24种情况中，有12种属于“奇数”情况（它们还原时需要奇数次交换棱块）和12种“偶数”情况。你要做的第一步是判断你遇到的是奇数情况还是偶数情况。

下图是12种奇数情况，你会发现他们要么是两个棱对换，要么是4棱大循环。

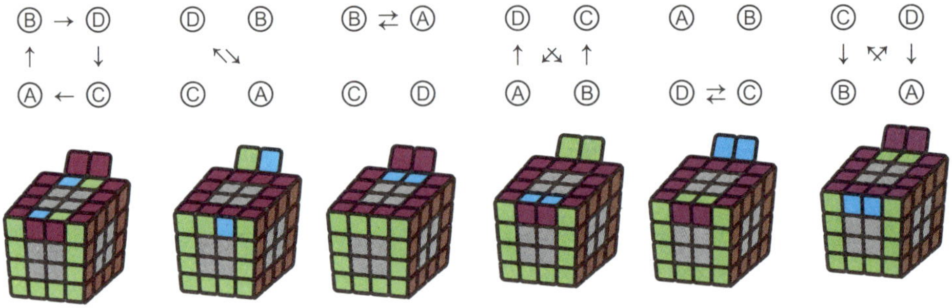

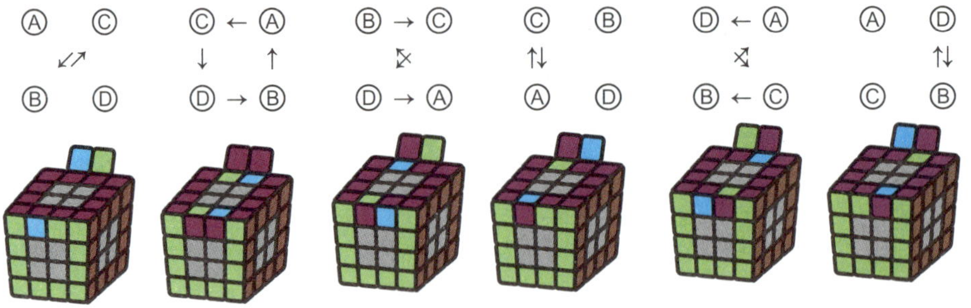

箭头所向表示棱块需要还原到的位置，而不是他们所来自的位置。

如果你遇到的是奇数情况，你需要用右边的公式W将它变成偶数情况。

（公式W的变体R2↓↓U↻↻R2↓U↻↻R2↓↓更容易记忆，但有更多的中层转，从中选择一种你喜欢的）

这一步会将棱块变成下面的偶数情况：

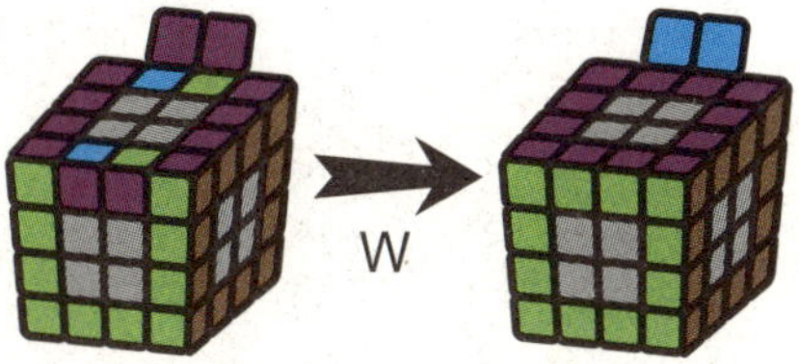

W = Rr↓↓ Uu↻↻
R2↓ Uu↻↻ Rr↓↓

Ⓐ→Ⓑ→Ⓓ→Ⓒ→Ⓐ

记住，Uu和Rr指的是同时转动2层。

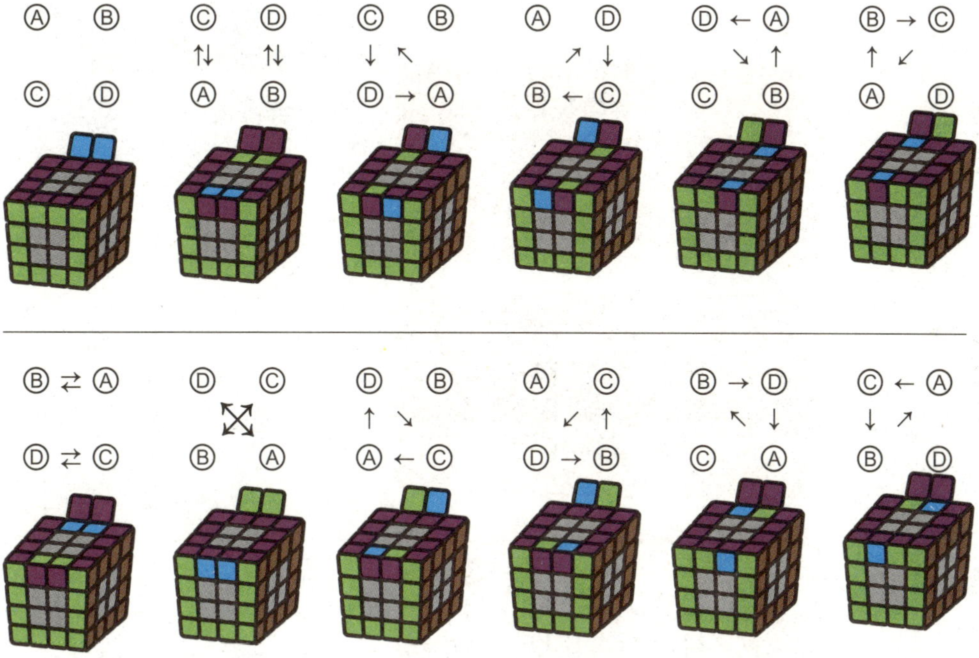

左上的第一种情况是已还原的情况，因此，我们只需提供其余11种情况的解法。其中8种是3棱循环，它们可以用同一个公式的变体来解决，见下页。

下面是基本的三棱循环公式。*

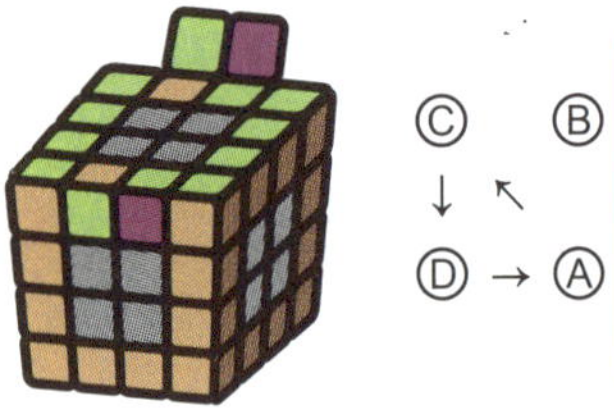

T_1 =
Rr↓ D→
R3↓ U↻ R↓↓ U↺
R3↑ U↻ R↑↑ U↺
D← Rr↑

通过左右镜像的方式可以变换出下面3个变体。

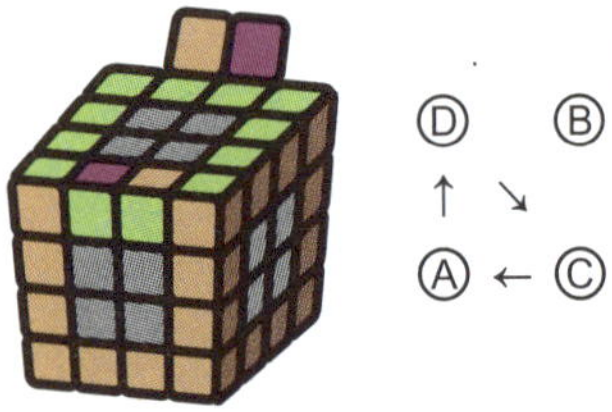

T_2 =
Rr↓ D→
U↻ R↓↓ U↺ R3↓
U↻ R↑↑ U↺ R3↑
D← Rr↑

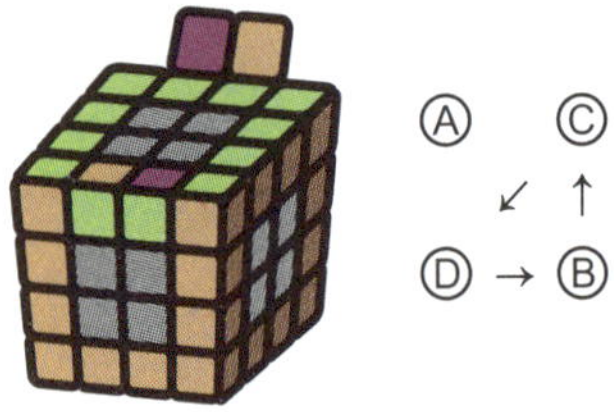

T_3 =
Ll↓ D→
R2↓ U↻ R↓↓ U↺
R2↑ U↻ R↑↑ U↺
D← Ll↑

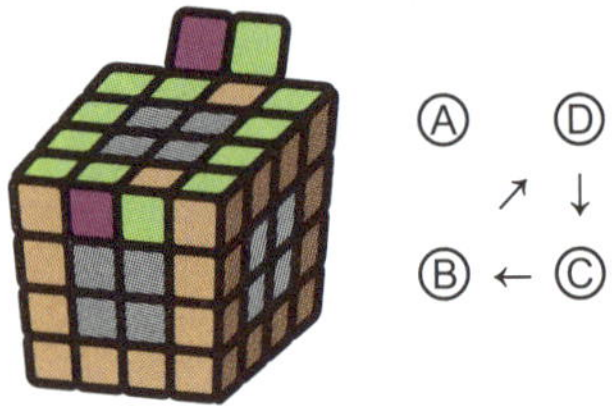

T_4 =
Ll↓ D→
U↻ R↓↓ U↺ R2↓
U↻ R↑↑ U↺ R2↑
D← Ll↑

*这些公式用到了“共轭变换”的概念，它可以想象成“将某个块移动到特定位置进行交换，再将交换后的另一个块移回原来的块所在的位置”。

在这个公式中，前两步将一个UF棱块移动到DR位置，之后的8步让三个棱块循环，最后两步将DR位置上的棱块（已经变成了另一个棱块）移回UF位置。

符号Ll指的是同时转动L和L2两层。

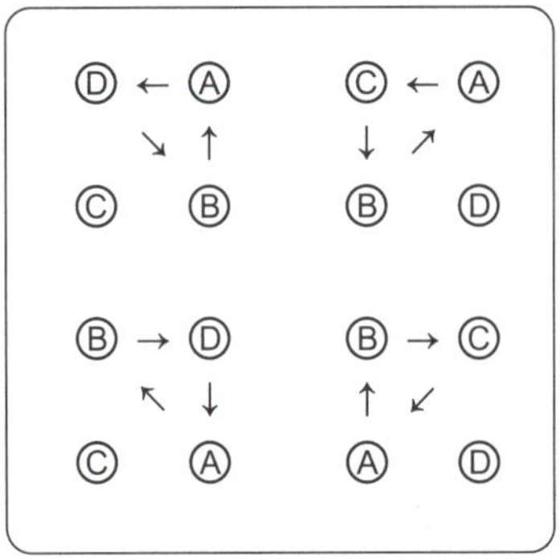

对于另外4种三循环的情况，旋转U层180°，这样F和B相转换，R和L相转换。然后应用左边恰当的T公式。

另外三种情况（两两互换）最好是用下面3个专门的公式解决。3个公式都很简单（其中一个你已经见过了）。（另外，你也可以随便用前页一个T公式先将4个块转换一次，然后再用恰当的T公式来还原）

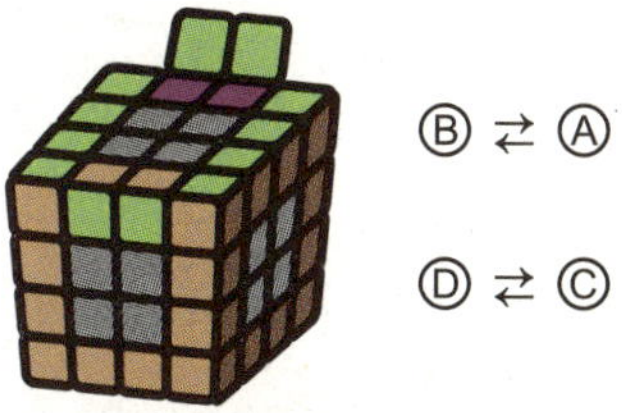

这是最简单的“翻两棱”情况，你可以翻到3.6温习一下，那个公式是这样的：

V_1 =K_1 Rs↑ K_2 Rs↓
= F↺ U↻ R↑ F↻ U↺ Rs↑
U↻ F↺ R↓ U↺ F↻ Rs↓

这个公式与WW相同（180°旋转去掉的话）。*

V_2 = Rr↓↓ Uu↺↺
R2↓↓ Uu↺↺ Rr↓↓

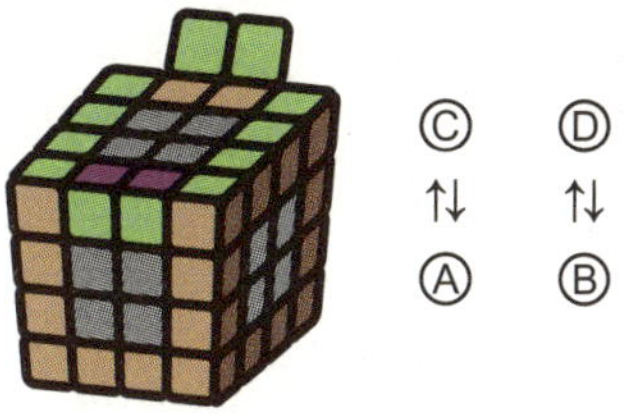

你可以重复做V_1V_2,或者这个较短的公式：

V_3 = F↺↺ R2↓ F↺↺ R2↑
R3↓ F↺↺ R3↑ F↺↺

* V_2和V_3公式有一个你也许不太在意的小缺陷——它们会影响到某些面块。如果你使用另一种先还原全部面块的方法，你可以用两个不影响面块的等价公式，如下：

V_2（改动后）=Ff↺↺ U↺↺ Ff↺ U↺↺ Ff↺↺
U↺↺ Ff↺↺ U↺↺ Ff↺ U↺↺ Ff↺↺

V_3（改动后）=F↻ U↺ R↑ U3←← R↓ U↻ F↺ U↺↺
F↻ U↺ R↑ U3←← R↓ U↻ F↺ U↺↺

现在全部棱块都还原了！

4.8

还原其余面块

> 就像通常情况一样，并没有仅仅只交换两个面块的方法。

最后这部分比较简单。我们所要做的仅仅是将一个位于R层右下角的中心块移动到U层右上角。

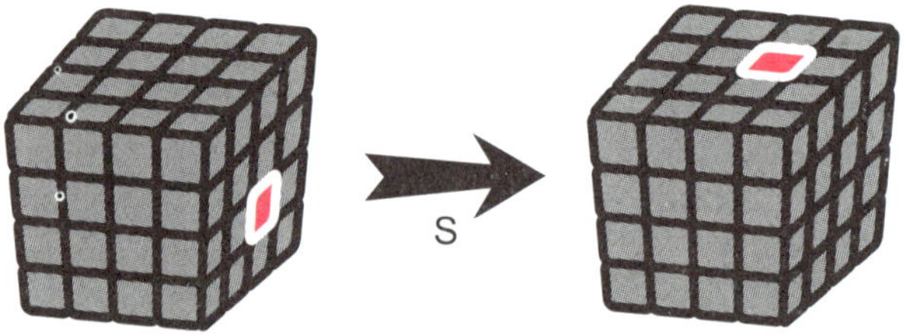

我们要用到的基本公式能够让3个面块循环移动。*

S = U2← R2↓
U2→ R↓
U2← R2↑
U2→ R↑

U2← R2↓ U2→ R↓

U2← R2↑ U2→ R↑

由于在4.1中我们已经将L面面块全部还原，我们可以在保持R面不动的情况下，将其他面轮番转至U层，基本程序如下：

1.找到R面上一个未还原面块。
2.翻动魔方让目标位置位于U层。
3.转动R面使目标面块位于后下角。
4.转动U层使目标位置位于右上角。
5.做公式S。
6.倒着做步骤4。
7.倒着做步骤3。
8.重复步骤1~7。

公式S是一个很容易进行变换的公式，不同的变换方式会产生不同的结果。例如，改动公式中R的转动方向：

U2← R2↓ U2→ R↑

U2← R2↑ U2→ R↓

现在，R面上左上角的面块加入了循环。

把R转动改为180°：

U2← R2↓ U2→ R↑↑

U2← R2↑ U2→ R↓↓

也可以改变转动的层：

U3← R2↓ U3→ R↓

U3← R2↑ U3→ R↑

自己动手尝试一下吧！

下面是一个例子

	1.找到R面上一个未还原面块。
	2.翻动魔方让目标位置位于U层。
	3.转动R面使目标面块位于后下角。
	4.转动U层使目标位置位于右上角。
	5.做公式S，你可以在做公式S之前先尝试一下步骤6和7。
	6.倒着做步骤4，注意这是在倒着做步骤3之前，想一下就明白了。*
	7.倒着做步骤3。

步骤3～4和步骤6～7就相当于是“共轭变换”。

有时，你会遇到还有面块未还原，但R层四个面块都已还原的情况（你可以通过优先还原一开始在目标位置上的面块不是R色面块的方法来避免这种现象）。如果遇到这种情况，只好将还原好的R层破坏掉，将一个R层面块通过公式S交换到一个未还原的位置，而将一个未还原面块交换到R层上，这样就可以继续还原了。例子如下：

R面已还原的情况。

公式S将一个R层面块交换走，一个未还原面块交换到了R层上。

当你还原好了所有的面块，整个魔方就还原了。

这种“最后还原面块”的方法是最简单易懂的，同时却也是最慢的方法之一，因为还原面块的公式用到很多中层转，每一个中层转都需要转两下才行。如果你先还原面块，就可以节省大量时间。但是这要求还原棱块的公式不能影响到面块，就像我们提到过的T公式。详细讲解这些需要好多页的篇幅，这里就不细讲了。

干得好！值得鼓励。

额外部分：处理“单棱翻”

习惯了还原3阶魔方的人通常愿意用他们熟悉的方式还原4阶魔方：将相邻的面块和棱块配对，他们认为接下来就可以把4阶魔方当做3阶来还原了。

这有时候是可行的，但半数情况下你最后会遇到左边这种结果，也就是只有一对棱块要翻转的情况（参见4.7），3阶技巧是无法解决此问题的。

造成这种情况的原因是有同色面块位置相反，但看上去却是没问题的，导致最终剩下一对棱块要翻转。我们的方法在还原全部面块之前就处理了这种情况，因此可以规避它。

如果你使用先还原面块的方法，又不想通过烦琐的重复处理面块的方法来解决这种问题，该如何做呢？

下面是一个简单的三棱换公式：

U↻ R↑ U↻ R2↓
U↻ R↓ U↻ R2↑

这个公式的前三步在不弄乱R2层其他块的前提下将绿色棱块移动到紫色棱块的位置上。然后转动R2层，使粉色棱块移动到紫色棱块的起始位置。5～7步则是倒着做前三步，这样紫色棱块又转了回来，最后一步则让R2层也恢复了。

思考一下这个三循环是怎样实现的：它是公式T，也是4.5中星号部分的指导思想。通过调整公式中R的转动方向，或者改变转动的层，你可以创造出自己所需的其他三循环公式。

那么这个只有两个棱需要互换位置的情况怎么办？三循环公式是无法解决这种情况的。

简单的方法是，先做一个R2↓，这样棱块就变成了5循环，它可以拆成两个三循环。

解决这个问题的方法其实是这样：交换一对棱块，同时交换一对面块——现在我们有个面块四循环要处理，这很容易解决。

Fs↻ R↓↓ Fs↺ R2↓ Fs↻ R↓↓ Fs↺ R2↓
Fs↻ R↓↓ Fs↺ R2↓ Fs↻ R↓↓ Fs↺ R2↓

这实际上是个包括R2层上的4对以及U层左面的1对面块的五循环，利用R面来对它们进行交换。

下面是我们在还原4阶魔方时用到的全部新公式。未列出的公式都是在3阶部分出现过的。我们同样将那些受到影响的块涂黑（这一次我们就不标箭头了，一大堆箭头会让人眼花缭乱）。

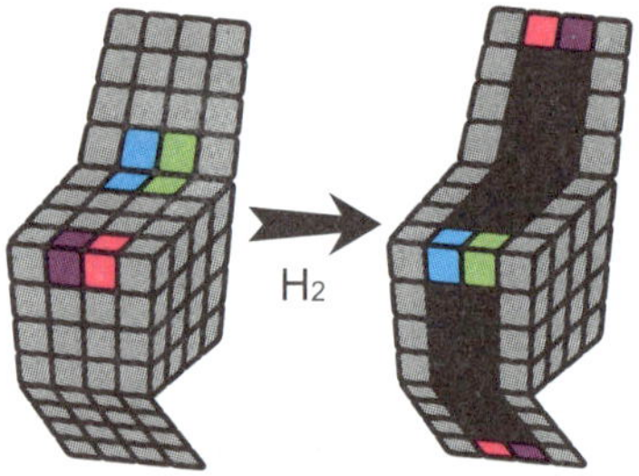

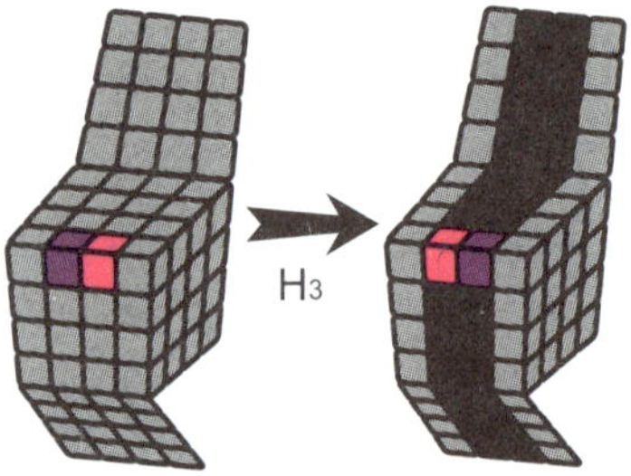

H_2 = U↻↻ Rs↑ U↻↻

H_3 = H_2 Rs↑↑ = U↻↻ Rs↑ U↻↻ Rs↑↑

H_4 = H_2 Rs↓ =
U↻↻ Rs↑ U↻↻ Rs↓

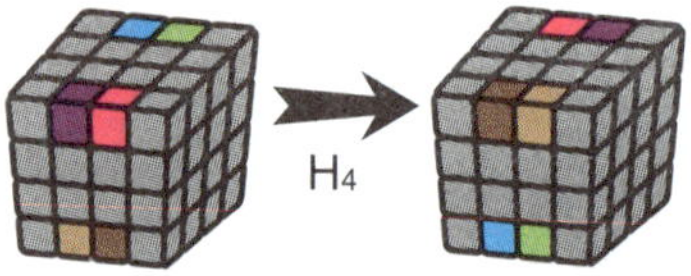

H_5 = U↻↻ R2↑ U↻↻ R3↓

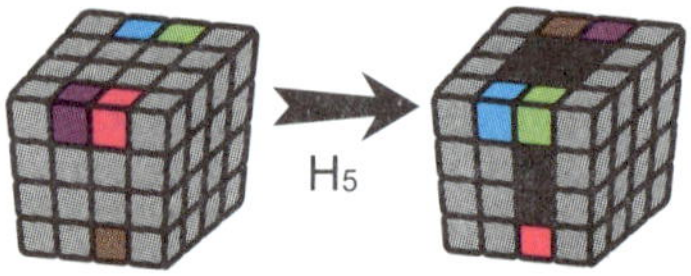

H_6 = U↻↻ R3↑ U↻↻ R2↓

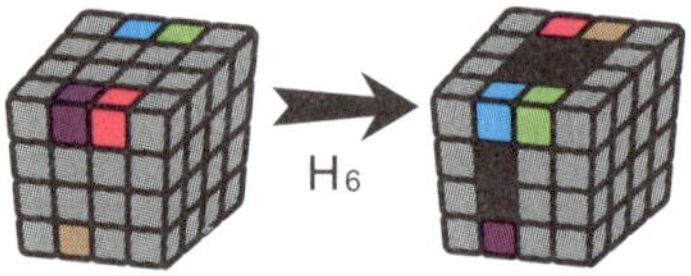

W = Rr↓↓ Uu↻↻
R2↓ Uu↻↻ Rr↓↓

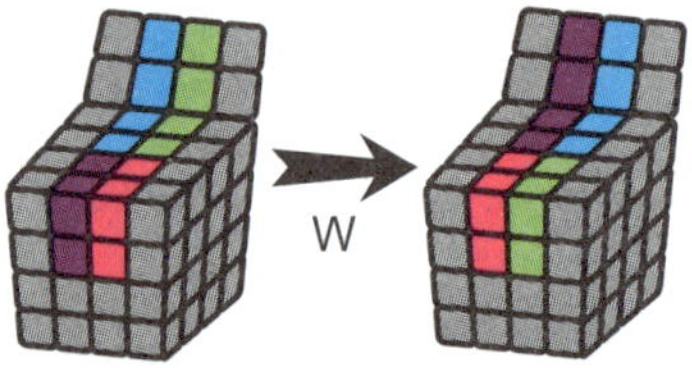

T_1 = Rr↓ D→
R3↓ U↺ R↓↓ U↻
R3↑ U↺ R↑↑ U↻
D← Rr↑

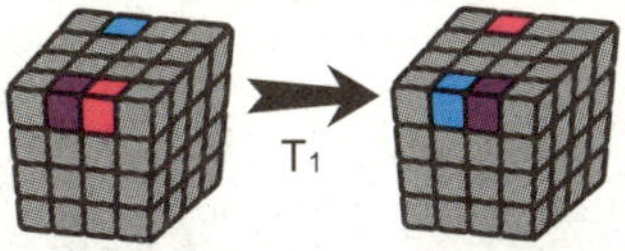

T_2 = Rr↓ D→
U↻ R↓↓ U↻ R3↓
U↻ R↑↑ U↻ R3↑
D← Rr↑

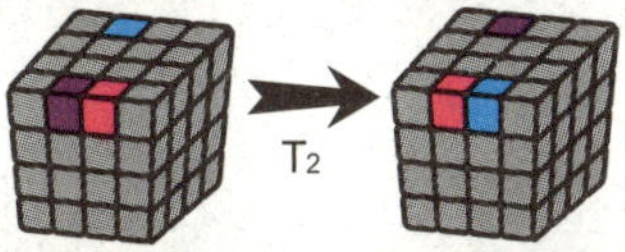

T_3 = Ll↓ D→
R2↓ U↺ R↓↓ U↻
R2↑ U↺ R↑↑ U↻
D← Ll↑

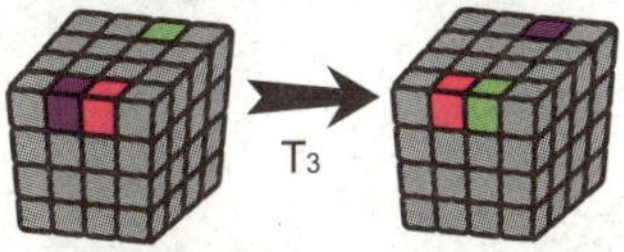

T_4 = Ll↓ D→
U↻ R↓↓ U↻ R2↓
U↻ R↑↑ U↻ R2↑
D← Ll↑

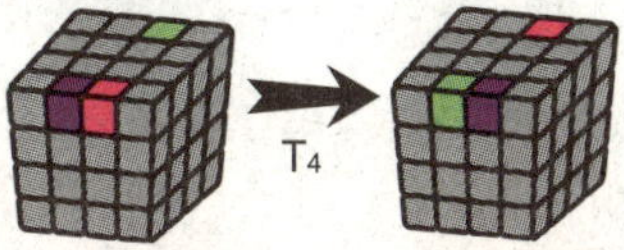

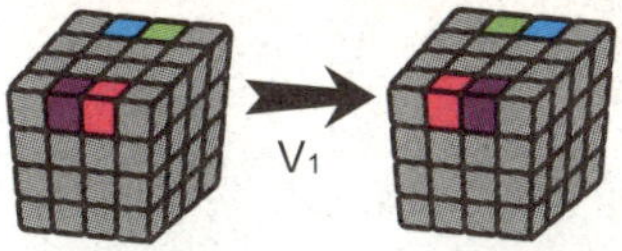

V_1 = K_1 Rs↑ K_2 Rs↓
= F↻ U↺ R↑ F↺ U↻ Rs↑
U↺ F↻ R↓ U↻ F↺ Rs↓

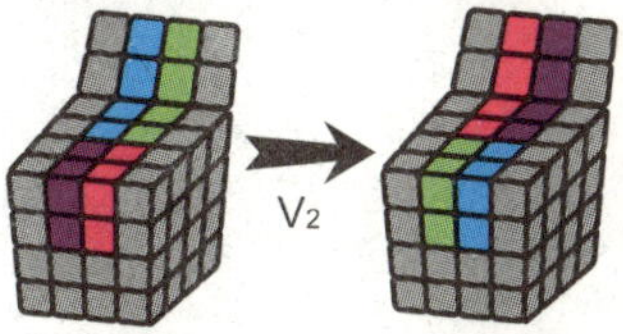

V_2 = Rr↓↓ Uu↻↻
R2↓↓ Uu↻↻Rr↓↓

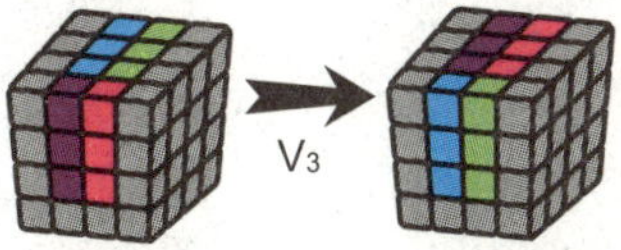

V_3 = F↻↻ R2↓ F↻↻ R2↑
R3↓ F↻↻ R3↑ F↻↻

S = U2← R2↓ U2→ R↓
U2← R2↑ U2→ R↑

还原5阶、6阶和7阶魔方

怎样还原5阶魔方

假设你已经学会了还原低阶魔方。这里有两种还原5阶魔方的方法——整体法和降阶法。选择一个适合你的。

整体法（较快但是叙述较复杂）

5.1

还原U层面块

用和4.1同样的方法。你需要构建由3个面块组成的“小长条”，然后将它们移动到U层上。

5.2

还原U层4角块

与4.2和3.1.2一样。

5.3

还原U层棱块

用3.2的方法还原中棱块，用4.3的方法还原侧棱块。

5.4

还原其余四个角块

翻转魔方，然后还原角块，就像3.3一样。

5.5

还原对层棱块

将已还原的层放到L，然后还原R层棱块。用4.5的方法。如果你遇到有一个中棱块需要翻转的情况，公式：U↻↻ R3↑ U↻↻ R3↑↑（与4.6中提到过的一个公式类似）能起到将UF位置上的棱块翻转的作用。

5.6

还原其余棱块

用4.6和4.7的方法还原侧棱块，用3.5的方法还原中棱块。

5.7

还原其余面块

用4.8中的公式S作为基础公式，你可以自行改变其影响到的内层。下面的两个公式也可以帮助你：

S_2 = U2← R2↓ U2→ R↓ U2← R2↑ U2→ R↑

S_3 = U2← R3↓ U3→ R↓ U2← R3↑ U2→ R↑

！ 到现在你已经还原5阶魔方了！

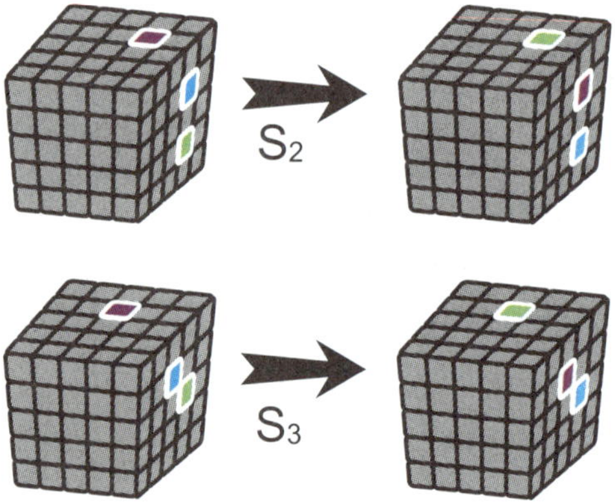

降阶法（较慢但是容易讲解）

5.1
用还原4阶的方法

完全忽略中间层，就像还原4阶那样还原它[（另一个选择是，在做4.1步骤时，将整个U面都还原），这会让你在接下来的5.4中节省不少时间]。

5.2
还原中心块

通过转动中间层还原中心块（你可能已经这样做了），如果你需要帮助，请翻阅3.1的第一部分，也就是教你如何通过转动中间层还原中心块。

5.3
用还原3阶的方法还原中棱块

将魔方当做一个比例失调的3阶来还原中棱块（忽略未还原的面块）。只要应用3.2～3.6的方法即可（中棱块并没有4阶那样的特殊情况）。

5.4
还原剩余面块

U2← R3↓ U2→ R↓
U2← R3↑ U2→ R↑

这里我们只需要用到一个4.8中S公式的变体，这是一个面块三循环公式（图中白色面块）。像4.8那样重复这一步，你就能还原整个魔方！

怎样还原6阶魔方

这里我们只给出降阶法，如果你更喜欢整体法，你可以自己尝试着去做！

6.1

用4阶的方法

完全忽略最中间两层，像还原4阶那样还原[（另一个选择是，在做4.1步骤时，将整个U面都还原），这会让你在接下来的6.3中节省不少时间]。

6.2

再次使用4阶的方法

换一个角度，将魔方看做另一种变形的4阶还原，角块已经还原好了，你只需要还原棱块。

6.3

用公式S还原其余部分

就像还原5阶那样，用4.8中公式S的变体可以还原整个魔方。如右边的面块三循环公式。

值得一提的是，虽然还未还原的24个面块看上去没什么区别，但他们仍然要区分为两种“手性”。位于顺时针位置的面块（如右图所示）无论怎么转动都不会转到逆时针位置上，所以别去尝试这样做。6阶还原后，我们继续讲7阶。

U2← R3↓ U2→ R↓
U2← R3↑ U2→ R↑

机智的读者也许能自己写出下面的方法。

怎样还原7阶魔方

7.1

用6阶的方法

忽略中间层，像还原6阶那样还原。（如果你愿意，你也可以跳过还原面块的步骤，留在最后一起还原）

7.2

用5阶的方法

我们也可以说用3阶的方法，但5阶的方法节省了一步，因为5阶的方法还原了更多的面块。显然，5.2～5.4的方法即可完成这一任务。

7.3

用公式S还原其余部分

就像5.4那样，然后7阶就还原了！

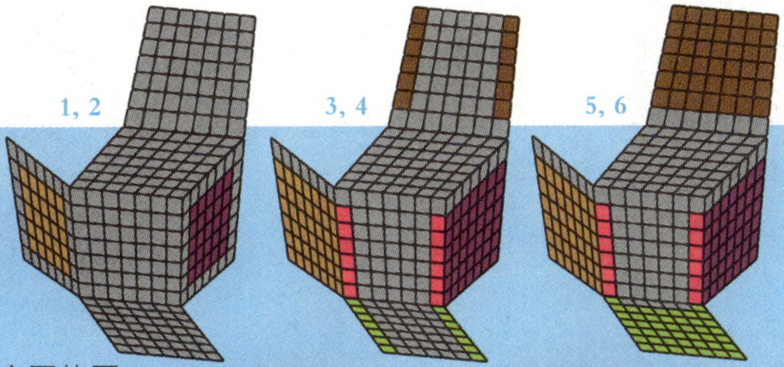

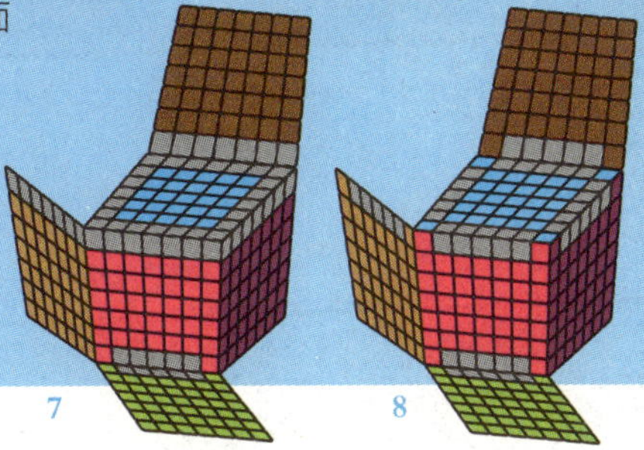

读者可能会对黄炜华还原7阶所用的方法感兴趣。他最喜欢的方法基于两点：1.还原面块很无聊，因此面块应该最先被还原。2.寻找棱块经常是还原过程中最慢的部分。下面是他的还原过程：

1.还原一面的面块。

2.还原对面的面块。

3.还原其中一个面的三个棱和所夹的两个角块。

4.还原对面的三个棱和所夹的两个角块。

5.还原相邻两个面的面块。

6.还原两面间的棱。

7.还原最后两面的面块。

8.还原其余四角。

9.还原其余棱。

作者与译者

关于作者

杰瑞·斯洛克姆（Jerry Slocum）是一位退休航空主管、历史学家、收藏家和作家。机械智力玩具是他兴趣的焦点。他是世界上收藏机械智力玩具最多的人之一，共计31000件。他曾著有12本关于智力玩具的专著，其中包括《古今智力玩具》、《“15”滑块游戏之书》以及《七巧板之书》等。2006年，斯洛克姆将其毕生收藏的全部智力玩具和4000多本相关书籍悉数捐献给印第安纳大学的Lilly图书馆，这也使该校成为了第一所拥有智力玩具相关藏品的学校。此外，他还于1978年创建了“国际智力玩具收藏者之家”，该组织每年都为来自全世界的400多位智力玩具收藏者组织一次国际性聚会。

大卫·辛格马斯特（David Singmaster）是伦敦南岸大学的一位退休数学教授。从1978年到1984年，他曾是“鲁比克方块”品牌的首席发言人。辛格马斯特撰写了关于魔方的第一本书《“魔术方块”手册》，书中使用的一套符号日后成为了描述魔方还原步骤的标准符号系统。此外，他还为厄尔诺·鲁比克的《魔术方块》一书撰写了序言，并在1987年以《魔方概要》为名编辑出版了英文版。他是世界上拥有趣味数学及相关人物传记类藏书最多的人之一，他的《趣味数学源流》一书也被智力玩具爱好者奉为经典。

黄炜华（Wei-Hwa Huang）是一位优秀的智力玩具爱好者，世界智力玩具联盟美国分部的成员之一。他拥有的荣誉包括4届世界智力玩具冠军、2008年美国数独锦标赛冠军等。他还是最先还原6阶和7阶魔方的人之一。作为Google公司的一位雇员，他与哥伦比亚出版社合作推出了以畅销书《达芬奇密码》命名的流行游戏。

迪特尔·杰哈德（Dieter Gebhardt）是魔方类智力玩具领域的顶尖专家。他曾与杰瑞·斯洛克姆合著《七巧板之书》。他从1990年开始为荷兰魔方俱乐部所出版的世界最著名的机械智力玩具杂志《嗜魔瘾君子》撰稿。他至今发表了近70篇关于智力玩具及其解法的文章，其中大部分是关于魔方类玩具的。

吉尔特·希林斯（Geert Hellings）曾于荷兰埃因霍温技术大学获得物理学博士学位。他对魔方类玩具的兴趣始于20世纪90年代早期，他在那时加入了荷兰魔方俱乐部，如今则担任该俱乐部的主席。该俱乐部目前在全世界拥有超过500名成员。他曾设计过一些手工魔方作品，其中最著名的要数2x2x4、2x2x6以及彩虹魔方。

关于译者

译　者

陈丹阳，世界魔方协会中国大陆地区官方代表。在中国大陆尚无官方比赛时曾长期保持3阶盲拧项目非官方世界纪录。CCTV特邀电视节目表演嘉宾，中国盲拧第一人。于2007年北京公开赛首次参加官方比赛，以1分10秒81的成绩创造当时的世界纪录。目前世界排名第八位。三阶速拧项目个人平均纪录为16秒26。2008年8月就任世界魔方协会中国大陆地区官方代表，负责中国大陆官方比赛认证工作。

校译者

王皓，国内资深魔友，网名天平，沈阳市魔方协会秘书长。2008年通过电影《当幸福来敲门》中威尔·史密斯的表演而开始关注魔方并爱上魔方。后加入沈阳飞速魔方俱乐部，接触到了很多异形魔方及各种不同解法，成为魔方类智力玩具爱好者，现致力于青少年及幼儿魔方的推广，他的学生在多次魔方比赛中取得优异成绩，目前世界魔方协会最小年龄还原魔方纪录前十名中有三名是他的学生。他认为玩魔方最大的乐趣是研究各种不同的魔方和不同的解法，通过玩魔方认识了许多朋友是他最大的收获！